Carsten Peter Thiede

Bibelcode und Bibelwort

Gewidmet Ernest Abravanel *in memoriam*
und meiner Cousine Maren Abravanel,
Führern zum Lesen ‹mit wechselndem
Schlüssel›.

«D'ailleurs il me semble que toutes les fois
qu'on s'avance
de deux cent lieues du midi au nord,
il y a lieu à un nouveau paysage comme
à un nouveau roman.»*
(Stendhal, La Chartreuse de Parme)

*«Übrigens scheint es mir, daß sich jedes Mal,
wenn man zweihundert Meilen weiter von
Süden nach Norden kommt, sowohl eine neue
Landschaft als auch Anlaß zu einem neuen
Roman ergibt.»

Carsten Peter Thiede

Bibelcode und Bibelwort

Die Suche nach verschlüsselten Botschaften
in der Heiligen Schrift

Brunnen Verlag · Basel und Gießen

ABCteam-Bücher erscheinen in folgenden Verlagen:

Aussaat Verlag Neukirchen-Vluyn
R. Brockhaus Verlag Wuppertal
Brunnen Verlag Basel und Gießen
Christliches Verlagshaus Stuttgart
Oncken Verlag Wuppertal und Kassel

Die Deutsche Bibliothek – CIP-Einheitsaufnahme

Thiede, Carsten Peter:
Bibelcode und Bibelwort: die Suche nach verschlüsselten Botschaften in der Heiligen Schrift/Carsten Peter Thiede. – Basel; Gießen: Brunnen-Verl., 1998
(Brunnen Fokus) (ABC-Team)
ISBN 3-7655-1158-7

Umschlag: Michael Basler, Lörrach
Satz: Uhl + Massopust, Aalen
Druck: Clausen & Bosse, Leck
Printed in Germany

ISBN 3-7655-1158-7

Inhalt

Mottos

Denn tausend Jahre sind in deinen Augen wie der gestrige Tag, wenn er vergangen ist, und wie eine Wache in der Nacht.

Psalm 90,4[1]

א

Das eine aber sei euch nicht verborgen, Geliebte, daß beim Herrn ein Tag ist wie tausend Jahre und tausend Jahre wie ein Tag.

2. Petrus 3,8

א

Denn wahrlich, ich sage euch: Bis der Himmel und die Erde vergehen, soll auch nicht ein Jota oder ein Strichlein von dem Gesetz vergehen, bis alles geschehen ist.

Matthäus 5,18

א

Von jenem Tag oder der Stunde weiß niemand, weder die Engel im Himmel noch der Sohn, sondern nur der Vater.

Markus 13,32

---

[1] Alle Bibelzitate sind, sofern nicht anders angegeben, der Elberfelder Übersetzung entnommen (Wuppertal/Zürich: R. Brockhaus Verlag, rev. 1985).

Raw Kahana sagte zu Mar, Rawinas Sohn: Ist denn das in den Worten der Weisung geschrieben? Er sagte zu ihm: Kein Schriftvers kann von seinem einfachen Wortsinn abgehen. Raw Kahana sagte: Als Achtzehnjähriger hatte ich die ganze Lehre durchstudiert, wußte aber bis jetzt noch nicht, daß kein Schriftvers von seinem einfachen Wortsinn abgehen darf. Was läßt er uns daraus vernehmen? Ein Mensch soll lernen, später versteht er.

Babylonischer Talmud, Schabbat 63a[2]

א

... Die gewaltige Herrin
Mach dir durch Gaben und Flehen geneigt, so wirst du als Sieger
Endlich vom Land der Sikuler die Grenzen Italiens erreichen.
Wenn du dorthin gelangst und die Mauern von Cumae vor dir hast,
Auch den heiligen See, den waldumrauschten Avernus,
Wirst du die Seherin schaun, die Verzückte, die in der Grotte
Schicksale kündet. Mit Zeichen und Namen beschreibt sie die Seiten.
Hat die Orakel sodann auf Blätter geschrieben die Jungfrau,
Ordnet sie alle nach Zahl und läßt sie verschlossen im Felsen.
Immer verbleiben jene am Platz, aus der Reihe nicht weichend.

---

[2] Der Babylonische Talmud wurde im 5. Jahrhundert n.Chr. abgeschlossen, geht aber teilweise noch auf die Zeit nach der Zerstörung des Tempels 70 n. Chr. zurück. Die Übersetzung des hier zitierten Abschnitts ist entnommen R. Mayer (Hrsg.), Der Babylonische Talmud, München: W. Goldmann 1963.

Aber sobald die Tür sich bewegt, wenn nur leise der Zugwind
Sie öffnet und dadurch die kostbaren Blätter verwehen,
Hat sie nicht Angst, zwischen Felsen die wehenden Seiten zu fangen,
Die Bögen neu zu sortieren und die Sprüche mit Sorgfalt zu ordnen.

Vergil, ‹Aeneis› 3, 438–451[3]

א

«Der Fragende erhält die *Antwort, die ihm nottut: sonst ginge nicht die Kreatur den Weg ihrer Sehnsucht. Glauben Sie denn, unsere jüdischen Schriften sind bloß aus Willkür nur in Konsonanten geschrieben? Jeder hat sich selbst die geheimen Vokale dazuzufinden, die ihm den nur für ihn allein bestimmten Sinn erschließen – soll nicht das lebendige Wort zum toten Dogma erstarren.»*

Gustav Meyrink, ‹Der Golem› (1915)[4]

א

Wir
wissen ja nicht, weißt du,
wir
wissen ja nicht,
was
gilt.

Paul Celan, ‹Zürich, Zum Storchen› (1963)

---

[3] Das Vergil-Zitat deutsch nach Vergil, Aeneis, übs. und hrsg. von W. Plankl, Stuttgart: Reclam 1974. Die Aeneis, von Vergil bei seinem Tod 19 v. Chr. unvollendet hinterlassen, galt schon den Zeitgenossen als das bedeutendste Epos der lateinischen Literatur.

[4] Der Redende ist eine Romangestalt, der Prager Rabbiner Schemajah Hillel.

schtzngrmm
schtzngrmm
t-t-t-t
t-t-t-t
grrrmmmmm
t-t-t-t
s——-c——-h
tzngrmm
tzngrmm
tzngrmm
tzngrmm
grrrmmmmm
schtzn
schtzn
t-t-t-
t-t-t
schtzngrmm
schtzngrmm
tssssssssssssssssss
grrt
grrrrrt
grrrrrrrrrt
scht
scht
t-t-t-t-t-t-t-t-t-t
scht
tzngrmm
tzngrmm
t-t-t-t-t-t-t-t-t-t
scht
scht
scht
scht
scht
grrrrrrrrrrrrrrrrrrrrrrrrrrr
t-tt

Ernst Jandl, ‹schtzngrmm› (1966)

Einleitung

«Es gibt nichts Neues unter Sonne»: Auch wenn es um sogenannte Bibelcodes geht, erweist sich diese ebenso nüchterne wie ernüchternde Feststellung des Predigers Salomo (1,9) einmal mehr als zutreffend. In Berlin lief im Frühjahr 1998 die Ausstellung ‹Via Regia›, die den Darstellungen preußischer Krönungen gewidmet war. Dort sah man eine farbig gestaltete Pergamenthandschrift des Schutzjuden Simon Wolff Brandes. Das kunstvolle Doppelblatt erbringt in hebräischer und deutscher Sprache den Nachweis, daß der Ort und der Tag der Krönung Friedrichs I. – der 18. Januar 1701 in Königsberg – bereits im 21. Psalm und vom Propheten Jesaja (Kapitel 46,10–11) vorhergesagt worden waren. Ein Engel zeigt mit dem Finger auf die entscheidende Stelle. Die Adlersymbolik (der Adler ist das preußische und brandenburgische Wappentier), Wortvergleiche, Buchstaben- und Zahlenspiele ergeben für Brandes, daß die Jesaja-Stelle eine detaillierte Voraussage der Standeserhebung des Brandenburgischen Kurfürsten Friedrich III. zum ersten König in Preußen ist. Abschließend kommentiert der Jude Brandes seine biblische Glorifizierung des christlichen Herrschers im Deutsch jener Zeit; er dankt Gott, «daß er uns die Zeit hat erreichen und erleben laßen, darinn Er einem Mann, der unser Augapfel ist, nemlich unserm allergnädigsten und Großmächtigsten Könige Friderichen dem Dritten vom Hauß Brandenburg etwas seiner Ehre mitgetheilet. Gott erhalte ihm seine Hoheit und sein Reich in Ewigkeit.»[5]

---

[5] ‹Via Regia› Preußens Weg zur Krone. Ausstellung des Geheimen Staatsarchivs Preußischer Kulturbesitz. Katalog hrsg. v. I. Gundermann, Berlin: Duncker & Humblot 1998, 66–67, 78. Vgl. C. Hensel, Eine jüdische Huldigung an den ersten König in Preußen, in: Jahrbuch der Stiftung Preußischer Kulturbesitz 4 (1966), 192–199.

Man könnte dieser Pergamenthandschrift manches über das Verhältnis von Juden und Christen in Brandenburg-Preußen entnehmen, manches auch über die theologisch unbelastete Direktheit, mit der ein Jude das Alte Testament auf das Leben eines Christen anwenden konnte. In der Methodik war Simon Wolff Brandes jedenfalls kein Einzelfall. Juden und Christen haben immer schon versucht, einem mehrfachen Schriftsinn auf die Spur zu kommen und in den Worten der Bibel Botschaften zu finden, die sich erst mit dem richtigen Schlüssel verstehen lassen. Ein wesentlicher Teil der christlichen Verkündigung beruht darauf, daß zahlreiche Stellen in den Büchern des Alten Testaments als Voraussagen auf Jesus von Nazareth verstanden werden: Der historische Jesus kann so gedeutet werden als die langerwartete Erfüllung des messianischen Sehnens der Juden.

Auch nichtreligiöse Literatur konnte auf Schlüsselstellen befragt werden. Der römische Dichter Vergil (70 – 19 v. Chr.) wurde zum einflußreichsten Gegenstand solcher Spekulationen. Seine 4. Ekloge galt unter Christen von der Spätantike bis ins Mittelalter als eine Prophezeiung der kommenden Geburt des Weltenheilands Jesus Christus – so sehr, daß in der spanischen Kathedrale von Zamorra seine Statue neben die alttestamentlichen Propheten gestellt wurde. Christ vor Christus sei Vergil gewesen, hieß es; doch wen der Dichter wirklich meinte, weiß die Forschung mit Sicherheit bis heute nicht. [6] Vergil unterstrich seine Vorliebe für die sagenumwobene Seherin Sibylle in Cumae, mit der er dieses Gedicht einleitet, auch in seinem großen Nationalepos, der *Aeneis*. Und hier beschreibt er einen Zusammenhang, der über das übliche antike Orakel- und Prophetenwesen hinausweist. Die cumaeische Sibylle hat nämlich ihre verschlüsselten Weisheits- und Zu-

[6] Eine übersichtliche neuere Arbeit dazu: W. Clausen (Hrsg.), Virgil, Eclogues, With an Introduction and Commentary, Oxford 1994, v.a. 119–150.

kunftsworte auf wohlgeordneten, durchnumerierten Blättern notiert. Es gilt nicht das gesprochene, sondern das geschriebene Wort. So wichtig ist diese feste Ordnung, daß die Sibylle ihren durch den Windstoß einer geöffneten Tür durcheinandergewirbelten Blättern hinterhereilt, um sie vollständig und in der richtigen Ordnung wieder zusammenzuzufügen – die Stelle aus der *Aeneis* ist oben auf Seite 7–8 wiedergegeben.[7] Auch diese Festlegung auf einen schriftlichen Text ist jedoch noch weit entfernt von den Buchstaben-, Namens- und Zahlenspekulationen, mit denen exakte Daten, Orte und Ereignisse der Vergangenheit, Gegenwart oder Zukunft aus dem Text der Bibel abgeleitet werden. An Warnungen vor solchem Mißbrauch hat es nie gemangelt, und dennoch hat sich eine blühende jüdische und später auch christliche Deutungsphantasie entwickelt, pseudo-christliche Sekten wie die Zeugen Jehovas und christliche Gruppen wie die Siebte-Tags-Adventisten haben wiederholt und stets kläglich scheiternd versucht, das Ende der Welt auf den Tag genau vorherzusagen, als hätte Jesus nie erklärt, daß dieser Tag ein nicht zu berechnendes Geheimnis bleibt (Matthäus 24,36; Apostelgeschichte 1,7).

Es kommt daher zuerst einmal darauf an, zu unterscheiden zwischen zwei völlig verschiedenen Zugängen: Auf der einen Seite sind da die uralten, schon in der Bibel selbst begründeten Versuche, mehrere Bedeutungsebenen einer Textstelle oder eines ganzen Buches zu erkennen und zu deuten. Zahllose Beispiele sind jedem Bibelleser geläufig, und auf einige werden wir später etwas näher eingehen. Der Reiz und die Schwierigkeiten, tatsächlich prophetische und tatsächlich ver-

[7] In den römischen Legendenschatz fand die Geschichte von König Tarquinius Eingang, dem von der Sibylle ihre neun Bücher angeboten wurden. Dem König war der Preis zu hoch, und so verbrannte sie zweimal drei Bücher, bis Tarquinius doch noch die letzten drei kaufte – zum Preis, für den er alle neun bekommen hätte. Diese drei Bücher wurden der Überlieferung zufolge bei einem Brand im Kapitol 83 v.Chr. zerstört. Sogenannte «Sibyllinische Orakel» blieben lange populär, auch in der jüdisch-christlichen Literatur.

schlüsselte Texte zu erkennen und dann auch noch richtig zu deuten, begleiten die Auslegung der biblischen Bücher nahezu von Anfang an. Selbst die manchmal erbittert geführten Debatten um die Entstehungszeit der Evangelien bleiben davon nicht unberührt: Haben späte Evangelisten ihrem Helden Jesus die Prophetenworte über die Zerstörung Jerusalems erst nachträglich in den Mund gelegt, rückverschlüsselt gewissermaßen, um den Mann aus Nazareth größer zu machen, oder hat er die Zerstörung von Stadt und Tempel vierzig Jahre vor dem Ereignis tatsächlich vorausgesagt? Ist – beispielsweise – das Gleichnis von der königlichen Hochzeit (Matthäus 22,1–14) genau dieses, nämlich ein Gleichnis des historischen Jesus, oder ist es eine freie Erfindung, die bereits die Zerstörung Jerusalems voraussetzt? Wer sich mit den archäologischen und historischen Daten auskennt, weiß, daß gerade dieses Gleichnis nicht rückblickend auf die Zerstörung Jerusalems bezogen sein kann; dennoch gibt es noch immer viele Bibelforscher, die das so behaupten – sie haben ihr eigenes Koordinatensystem entwickelt, in dem sich über die Fakten frei verfügen läßt, sofern die erklärte Absicht im Blick bleibt, das Neue Testament zu enthistorisieren.[8]

Damit ist aber zugleich auch der Drahtseilakt gekennzeichnet, auf den sich die Forschung teilweise allzu freiwillig eingelassen hat: Wie kann man von der Historizität, also vom tatsächlich Gesagten und Geschehenen, zur Ausdeutung anderer Textebenen gelangen, ohne abzustürzen? Selbst ein Paulus, der als Jude keinen Zweifel daran hatte, daß der Jude Jesus der verheißene Messias – also der Christus – war und daß dies auch aus den alten Texten der Tora, der Propheten und der Psalmen abzulesen ist, traf eine klare Unterscheidung. Zum einen besitzt er die Sicherheit des Wissens: «Uns aber hat Gott es offenbart

---

[8] Zu dieser Debatte und vor allem zum Gleichnis von der königlichen Hochzeit u.a. C.P. Thiede, Ein Fisch für den römischen Kaiser. Juden, Griechen, Römer: Die Welt des Jesus Christus, München: Luchterhand Literaturverlag 1998, 261–264.

durch seinen Geist; denn der Geist erforscht alle Dinge, auch die Tiefen der Gottheit» (1. Korinther 2,10). Zum anderen betont er die Erkenntnis des Unwissens: «Wir sehen jetzt durch einen Spiegel ein dunkles Bild; dann aber von Angesicht zu Angesicht. Jetzt erkenne ich stückweise; dann aber werde ich erkennen, wie ich erkannt bin» (1. Korinther 13,12). Christen haben seit Paulus gelernt, diese Spannung auszuhalten, sie ist für viele zu einer Quelle der Erfahrungssuche geworden, die ihre Höhepunkte in der hochmittelalterlichen Mystik hatte: Wie weit kann man bis zu dieser Grenze des Jetzt-noch-nicht-Wissens vorstoßen? Wie weit kann man sie verschieben, um vorzudringen in immer neue Erkenntnisbereiche? Wie sicher ist dann das Erfahrene oder Erkannte? Mit welcher Sprache darf man darüber reden?

In der modernen Lyrik hat ein jüdischer Dichter mit höchstem Einsatz versucht, die Sprache selbst gegen die Grenzen des Sagbaren einzusetzen. Paul Celans Interpreten versuchen fast drei Jahrzehnte nach seinem Tod, «mit wechselndem Schlüssel» – wie eines seiner Gedichte heißt[9] – noch immer, dem Code seiner Lyrik näherzukommen, und stehen dabei unter dem Eindruck der Schlußzeilen des Gedichts, das er über seine Begegnung mit der Dichterin Nelly Sachs im Zürcher Restaurant ‹Zum Storchen› schrieb: «Wir / wissen ja nicht, weißt du, / wir / wissen ja nicht, / was / gilt.»[10] Fast zur gleichen Zeit veröffentlichte der österreichische Dichter Ernst Jandl sein Gedicht ‹schtzngrmm›, das andere Extrem ‹codierter› Sprache. Allein mit den teilweise verfremdeten Konsonanten des Wortes ‹Schützengraben›, die er virtuos auseinander-

---

[9] In der Sammlung ‹Von Schwelle zu Schwelle›, Stuttgart: Deutsche Verlagsanstalt 1955. Die abschließende zweite Strophe lautet:
«Wechselt dein Schlüssel, wechselt das Wort,
das treiben darf mit den Flocken.
Je nach dem Wind, der dich fortstößt,
ballt um das Wort sich der Schnee.»

[10] In der Sammlung ‹Die Niemandsrose›, Frankfurt: S. Fischer Verlag 1963.

nimmt und verselbständigt, gelingt es ihm, ebenso ‹verschlüsselt› wie zugleich mühelos verständlich, die Grauen des Krieges sichtbar zu machen.[11] Sprache ist, mit anderen Worten, Schloß und Schlüssel zugleich. Von Anfang an kam es darauf an, aus dem Text heraus zu verstehen, wo das Schloß und wo der Schlüssel sind – und sich einzugestehen, daß ein Verstehen nicht von außen in den Text hineingetragen werden darf, sondern von innen kommen muß. Hier wie überall beim Umgang mit Wort und Schrift gilt, daß nicht die Methode den Text bestimmt, sondern der Text die Methode.

Es liegt auf der Hand, daß jeder Interpret eine große Verantwortung trägt. Das gilt auch und besonders für die Sprache der Bibel. Und je mehr die Bibel als Schlüsseltext für kommende Ereignisse ausgedeutet wird, desto katastrophaler können die Folgen sein. Allein schon die Vorstellung, daß es mehr als eine Zukunft geben könnte und daß keine menschliche Gewähr dafür gegeben ist, welche Zukunft eintreten wird, mahnt zur Demut. Friedrich Weinreb, ein Mathematiker und Statistiker, der zu einem der bekanntesten Vertreter der Buchstaben- und Zahlensymbolik der Bibelsprache wurde, schrieb unter der Überschrift ‹Literatur, Weisheit und Bescheidenheit›: «Jeder aber, der hier studieren will, ‹Thora lernen› will, wie es heißt, braucht an erster Stelle den Geist der Bescheidenheit. Mit Ehrfurcht soll er sich dem Wunder von Gottes Offenbarung nahen. Sonst bleibt sie, wie gescheit und studiert er sich selber auch vorkommen mag, für ihn verschlossen, und seine Urteile gehören dem Reiche der Verwirrung an.»[12] Genauer kann man auch zwanzig Jahre nach diesem Zitat den Charakter des jüngsten Versuchs, die Bibel zu entschlüsseln, kaum beschreiben: Michael Drosnins ‹Der Bibelcode› ist verwirrt und stiftet Ver-

---

[11] Das Gedicht ist vollständig oben auf Seite 9 zitiert. Vgl. E. Jandl, Laut und Luise, Olten: Walter Verlag 1966.

[12] F. Weinreb, Zahl, Zeichen, Wort. Das symbolische Universum der Bibelsprache. Reinbek: Rowohlt 1978, 12–13.

wirrung.[13] Ausgehend von der Unsicherkeit, die durch dieses Buch angerichtet wird, soll in den folgenden Kapiteln beschrieben werden, wo die Fallstricke liegen. Es geht aber nicht nur um eine negative Kritik. Der Reichtum der Bibel und ihrer Überlieferung liegt auch in der oft atemberaubend virtuosen Kunst, mit der Autoren, Schreiber und Interpreten das Wort einerseits stehenließen und andererseits auf die kleinste Nuance zukunftsweisender Nebentöne abhorchten. Auch davon soll auf den folgenden Seiten etwas vermittelt werden.

---

[13] M. Drosnin, Der Bibelcode, München: Heyne 1997 (amerikanische Originalausgabe: The Bible Code, New York: Simon & Schuster 1997).

KAPITEL 1

Wir basteln uns einen Bibelcode

Der ‹Bibelcode›, der seit 1997 weltweit für Aufmerksamkeit und Aufregung sorgt, hat – anscheinend – sensationelle Erkenntnisse zutage gefördert: Die Ermordung des israelischen Ministerpräsidenten Jitzhak Rabin und der atomare Holocaust sind gewiß keine Kleinigkeiten. Beides, so behauptet Michael Drosnin, sei von ihm mit Hilfe des Codes in der Bibel entdeckt worden. Wer aus der jüngsten Geschichte weiß, welche Bedeutung die Entschlüsselung des sogenannten ‹Enigma›-Codes der deutschen Wehrmacht durch die britische Aufklärung für den Ausgang des Zweiten Weltkriegs hatte, wird die Brisanz eines Codes und die Technik seiner Decodierung nicht unterschätzen. Dabei spielt es zuerst einmal kaum eine Rolle, wer persönlich für die Konstruktion des Codes verantwortlich ist. Drosnin sieht hinter dem von ihm entdeckten Code eine höhere Intelligenz, die nicht allmächtig ist, die Menschen jedoch vor drohenden Gefahren warnen will. Der israelische Mathematiker Eliahu Rips, dessen Grundlagenarbeit am Anfang der Code-Geschichte stand, hält – Drosnin zufolge – Gott selbst für den Autor.[14] Und erst unsere computergestützte Generation sei in der Lage, noch rechtzeitig vor dem nahenden Weltuntergang die Warnungen dieser höheren Intelligenz (oder Gottes) zu erkennen: Die Bibel sei «nicht bloß ein Buch, sondern auch ein Computerprogramm».[15] Doch auch wir könnten noch immer nicht alle Enthüllungen erkennen und verstehen: Der Programmierer des Codes habe «vor 3000 Jahren» so überlegene Möglichkeiten zur Verfügung gehabt, «daß selbst die schnellsten Supercomputer unserer Zeit (auch wenn man die Crays im

---

[14] Drosnin, Der Bibelcode, 19, 53–54, 93–97, 109, 183 u.a.m.

[15] Drosnin, 25.

Krisenzentrum des Pentagons, sämtliche Main-Frames bei IBM und alle weltweit im Einsatz stehenden Computer miteinander kombinierte) nicht imstande wären, die Bibel in der Form zu codieren, wie dies vor 3000 Jahren geschehen ist.»[16]

Solche Aussagen klingen ebenso beeindruckend, wie sie sinnlos sind. Denn tatsächlich ist ein Code wie der sogenannte Bibelcode nicht nur mühelos herstellbar, mit dem einfachsten aller Laptops, ja notfalls sogar mit Papier und Bleistift; vor allem aber ist er in der Form, in der er von Eliahu Rips und, maßlos überzogen weitergeführt, von Michael Drosnin präsentiert wird, wissenschaftlich von vornherein unhaltbar: Die alles entscheidende, «vor über 3000 Jahren» geschaffene und notwendigerweise seitdem in allen Details, bis auf den letzten Buchstaben und seine Position unveränderte Textgrundlage existiert überhaupt nicht.

Wer gerne mit Zahlen und Buchstaben spielt, kann die Grundvoraussetzungen schnell und leicht nachvollziehen. Drosnin beschreibt sie in einfacher Sprache: Zuerst wird ein «Schlüsselwort» benötigt. Anders gesagt: Wer auch immer eine codierte Information erfragen will, benötigt einen Suchbegriff, den er selbst bestimmt. Wie und wo dieser Begriff gefunden wird, ist jedoch völlig beliebig. Es zählt nur eins: Er muß gefunden werden – der Zweck heiligt die Mittel. Mit Drosnins eigenen Worten: «Der Computer durchsucht nun nach der Methode des Überspringens diese Buchstabenfolge [der 304805 hebräischen Zeichen der Tora, ohne Abstände, ohne Satzzeichen usw.] nach verborgenen Namen, Worten und Phrasen. Er beginnt beim ersten Buchstaben der Bibel und probiert jede Auslassungssequenz. So bildet er Wörter aus Buchstaben, die eine, zwei, drei usw. bis Tausende von Stellen voneinander entfernt sind. Danach wiederholt er seine Suche, indem er mit dem

---

[16] Drosnin, 49.
[17] Drosnin, 26.

○ Jitzhak Rabin

zweiten Buchstaben beginnt. Dieser Vorgang wird sooft durchgeführt, bis der letzte Buchstabe der Bibel [Drosnin meint wohl: der Tora] erreicht ist.»[17] Das ist so narrensicher, daß es schon wieder primitiv ist. Denn mit dieser Methode kann man jedes irgendwann in irgendeiner Sprache irgendeines Landes zu irgendeiner Zeit gewählte Wort im Text der Tora finden.

Das ist kein Code, sondern simple Computerspielerei. Allerdings ist dies nur der erste Schritt. Denn nachdem nun das Schlüsselwort entdeckt ist, muß «der Computer nach Informationen suchen, die mit diesem in Zusammenhang stehen». Aber auch dies kann er nur, wenn das Vorherwissen des Suchenden mit eingegeben wird. Da ist zum Beispiel Drosnins Paradebeispiel «Rabin». In unmittelbarer Nähe findet er –

○ Jitzhak Rabin □ Mörder, der morden wird ◇ Amir

hebräisch – die Aussage «Mörder, der morden wird». Nehmen wir an, die Vokalisierung ist tatsächlich korrekt. Das heißt, nehmen wir an, die – hier zur Übersichtlichkeit ins Deutsche übertragenen – Konsonantenabfolgen «RBN» und «MRDRDRMRDNWRD» heißen tatsächlich «Rabin» und «Mörder, der morden wird» und nicht, beispielsweise, «Erben» und «Emir, der darum reden wird» (Vokale dürfen auch an Anfang und Ende hinzugefügt und eingefügt werden, mit einer Beliebigkeit, die im Hebräischen ebenso gut funktioniert) – dann ist die entschlüsselte Aussage eindeutig: Rabin ist ein Mörder, der morden wird. Die Folgerung, daß Rabin selbst *der Ermordete* sein wird, ist aus Drosnins Kombination keineswegs abzuleiten. Nun findet Drosnin in der Nähe allerdings den Namen Amir – also den des tatsächlichen Rabin-Mörders – und den Städtenamen Tel Aviv, oder, um im Bild zu bleiben, MR und TLVV. Allerdings findet er dort, wo er den Mördernamen sieht, in der Tat MR und nicht, wie es die hebräische, von rechts nach links geschriebene Sprache erfordern würde, R(I)M(A). Jeder Leser kann sich nun, schon anhand des deutschen Buchstabenspiels, jede beliebige Auffüllung denken, die im Rahmen des hebräischen Vokabulars ebenso gut funktioniert. Nach der Methode der beliebigen Vokalisierung kann MR «vorwärts» ebenso gut wieder unser schon bekannter Emir sein oder die russische Raumstation Mir, und «rückwärts» Rum, Raum, Aroma und so weiter: wie man will, wie man es braucht.[18]

Um es direkt zu sagen: Dieser Bibelcode ergibt stets genau das, was der Suchende in ihm finden möchte. Dementsprechend muß Drosnin zugeben, daß er den Mördernamen «Amir» erst entdeckte, nachdem Rabin ermordet war.[19] Wenn

---

[18] Wer überprüfen möchte, wie sich die Manipulationen und Taschenspielertricks Michael Drosnins am *hebräischen* Grundtext der Tora entlarven lassen, sei verwiesen auf den Aufsatz von M. Heide, Der Bibelcode. Ein Gottesbeweis besonderer Art?, Fundamentum 1/1 (1998), 54–65.

[19] «Nach dem Attentat auf Rabin ließ sich der Name seines Mörders, ‹Amir›, in der Bibel in codierter Form leicht auffinden.» Drosnin, 14.

ich eine Jahreszahl brauche, finde ich sie. Wenn ich zu einem bestimmten Namen oder Begriff weitere Namen oder Begriffe brauche, die ich dazu in Beziehung setzen kann, finde ich sie. Das kann ich natürlich auch prophetisch anwenden, da ich mir künftige Daten nach Belieben zurechtbasteln darf.

Ein Beispiel: Aufmerksames Zeitungslesen reicht aus, um zu wissen, daß die Gegend um Los Angeles extrem erdbebengefährdet ist. Eine ‹Bibelcode›-Vorhersage ist leicht zu haben und würde sich gut machen. Leider ist Los Angeles nur in der Abkürzung «L.A.Kalif.» zu finden.[20] Wir nehmen einmal an, daß damit kein Libanesischer Agenten-Kalif gemeint ist, sondern wirklich Los Angeles, Kaliforien. Dann brauchen wir nur noch ein paar künftige Daten, die sich angesichts des Zahlenwerts hebräischer Buchstaben schnell finden lassen. Wie wäre es mit 1994? Da gab es in der Region von Los Angeles tatsächlich ein kleineres Erdbeben, aber das liegt schon in der Vergangenheit, und Vergangenheitszahlen sind, mit der Kenntnis des Geschehens, völlig beliebig herzustellen. Darum also die Zukunft: 2010, oder, in hebräischer Chronologie, 5770. Bis dahin ist Drosnins Buch längst vergessen. Und dennoch ist beachtlich, wie sich der Autor dreht und windet, um seine angeblich so wertvolle Decodierung selbst zu relativieren: «Obwohl es möglich ist, daß sich sowohl der Code als auch die Seismologen irren, scheint der Bibelcode vorherzusagen, daß das große Erdbeben Los Angeles im Jahr 2010 heimsuchen wird.»[21] Mit anderen Worten, der ‹Bibelcode› bestätigt die alte Bauernweisheit: «Wenn der Hahn kräht auf dem Mist, ändert sich's Wetter oder bleibt wie es ist.»

Da Drosnin keinen Sinn für Humor, geschweige denn für Ironie hat, merkt er auch nicht, was hinter seiner zweiten Erdbeben-Entschlüsselung steckt. Das «gewaltigste Erdbeben, das die Vereinigten Staaten jemals heimsuchte – das große Be-

---

[20] Drosnin, 147f.
[21] Drosnin, 149.

ben von San Francisco im Jahr 1906» wurde natürlich «vor 3000 Jahren in der Bibel codiert», denn «‹S.F.Kalif.› erscheint gemeinsam mit der Jahresangabe ‹1906› sowie dem Hinweis ‹Feuer, Erdbeben›. Der verschlüsselte Text an dieser Stelle lautet: ‹Stadt vernichtet, zerstört›.»[22] Nun wissen wir bereits, daß sich dank der Auslassung aller Vokalzeichen und Abstände, die anschließend beliebig aufgefüllt werden dürfen, nahezu jedes Datum und nahezu jede Aussage in der Nähe eines vorgegebenen Schlüsselworts finden läßt, rückblickend noch leichter als vorausschauend, da im Rückblick natürlich alle erforderlichen Informationen eingegeben werden können. Aber «S.F.Kalif.» – das ist fast zu schön, um wahr zu sein. Wir schlagen vor, daß dies nicht «San Francisco, Kalifornien» heißt, sondern daß sich hier der uns bereits vertraute Kalif als ‹Science Fiction Kalif› enthüllt – zweifellos eine Selbstoffenbarung Michael Drosnins, im Bibelcode vorgegeben.

Es sind keine Grenzen gesetzt. Das macht die Sache dann auch wieder so unterhaltsam. Hiermit sei ein Patent auf das Familienspiel ‹Wir basteln uns einen Bibelcode› angemeldet. Das Spiel ist international, da das Verfahren, mit dem Michael Drosnin seinen Code gebaut hat, selbstverständlich auch auf Übersetzungen anzuwenden ist, auf deutsche, französische, englische und so weiter. Der erste Schritt besteht einfach darin, alle Abstände, Satzzeichen und Vokale bzw. Vokalzeichen zu entfernen. Es entsteht eine ununterbrochene Abfolge von Konsonanten. Nun suchen wir uns ein Schlüsselwort, mit dem das Suchprogramm beginnt. Das kann ein Personenname sein, ein Ort, ein Sachbegriff oder auch eine Jahreszahl. Um beispielsweise festzustellen, ob der Bibelcode als Begriff in der Bibel selbst erwähnt wird[23], überprüfen wir die für ihn als besonders wichtig hervorgehobene Stelle des *Shema Israel*,

[22] Drosnin, 147.
[23] Dies behauptet Drosnin für den hebräischen Text, 102–103, 235.

5. Mose/Deuteronomium 6,4–9, die zur *Mesusá* gehört, jener kleinen Schriftrolle, die von Juden am rechten oberen Teil des Türpfostens ihrer Häuser angebracht wird.[24] Wir nehmen die als sprachlich besonders genau beurteilte Elberfelder Übersetzung der Verse, die das *Shema* enthalten, und ordnen die Konsonanten in strikter Abfolge an.

```
hrsrldrhrrstnsrgttdrhrrllnnddsllstdnhrrndnngttlbnmt
dnmgnznhrznndmtdnrgnznslndmtdnrgnznkrftnddswrtdchdr
htgbtsllnndnmhrznsnnddsllstsdnnkndrnnschrfnnddsllst
dvnrdnwnndndnmhsstztndwnndfdmwgghstwnnddchhnlgstndw
nndfsthstnddsllstslszchnfdnhndbndnndssllnlsmrkzchnz
wschndnngnsnnddsllstsfdpfstndnshssndndntrschrbnndss
```

Im Normaltext war das einmal:

«Höre, Israel: Der Herr ist unser Gott, der Herr allein! Und du sollst den Herrn, deinen Gott, lieben mit deinem ganzen Herzen und mit deiner ganzen Seele und mit deiner ganzen Kraft. Und diese Worte, die ich dir heute gebiete, sollen in deinem Herzen sein. Und du sollst sie deinen Kindern einschärfen, und du sollst davon reden, wenn du in deinem Hause sitzt und wenn du auf dem Weg gehst, wenn du dich hinlegst und wenn du aufstehst. Und du sollst sie als Zeichen auf deine Hand binden, und sie sollen als Merkzeichen zwischen deinen Augen sein, und du sollst sie auf die Pfosten deines Hauses und an deine Tore schreiben.»[25]

---

[24] Drosnin 131, 215. Drosnin benutzt den Text, um den (atomaren) Holocaust für 1996 vorherzusagen; es stört ihn nicht sonderlich, daß er in seinem 1997 veröffentlichten Buch das Scheitern dieser Decodierung eingestehen muß – dann eben 2000, 2006 oder 2012, es ist ja eh alles egal.
(Der zweite Text jeder *Mesusá* ist 5. Mose/Deuteronomium 11,13–21.)

[25] In der Anordnung für den ‹Code› entsteht, nach Drosnins graphischem Modell, eine gleichmäßige Zeilenlänge. Das Rechteck, das sich dabei ergibt, muß den bestimmten Text vollständig enthalten, kann jedoch auch noch darüber hinausgehen. Unser ‹Code-Rechteck› enthält in der letzten Zeile daher noch die ersten drei Worte von Vers 10, «Und es s(oll)» = NDSS.

Nun haben wir freie Bahn, denn Drosnin zufolge können die Buchstaben von rechts nach links, von links nach rechts, von oben nach unten, von unten nach oben und in alle Richtungen diagonal gelesen werden; Buchstaben dürfen, wie schon gesagt, sogar in regelmäßigen Abständen übersprungen werden. Die zuerst entfernten Vokale müssen dabei wieder eingefügt werden – jedoch nicht die gleichen, sondern andere, bisher im Schlüssel verborgene. Und tatsächlich: In der vierten und fünften Zeile stehen übereinander, von unten nach oben, die Buchstaben *c* und *d*. Jetzt fügen wir die Vokale ein, die wir brauchen, nämlich *o* und *e*, und schon haben wir das benötigte Suchwort, «Code». Der nächste Schritt ist entscheidend: Welche Wörter, welche Begriffe stehen nun mit «Code» in Verbindung, befinden sich im unmittelbaren Umfeld des gleichen Textabschnitts? Wir müssen nicht lange suchen.

Gleich in der ersten Zeile stehen an sechster und siebter Stelle die Buchstaben *d* und *r*, also «der». Die erste Zeile beginnt mit *h* und endet mit *t*, in der Mitte finden wir *l*. Das ist offenbar so wichtig, daß es im gleichen Schema in der dritten Zeile wiederholt wird (Prinzip der Regelmäßigkeit!). *h* - *l* - *t*, das heißt «hält». Der Code hält – aber was oder wie? Die Antwort bietet uns diagonal, von unten nach oben in der vierten bis zweiten Zeile, beginnend mit dem zwölften Buchstaben der vierten Zeile und endend mit dem vierzehnten Buchstaben der zweiten, die Abfolge *d* - *m* - *m*, «dumm». Das also ist die Lösung: «Der Code hält dumm».

Der Code hält dumm, nach wie vor, denn obwohl Drosnins Buch bereits 1997 erschien, fallen auch 1998 noch Leser darauf herein – der warnende Hinweis ist unübersehbar, denn der Text beginnt mit dem Buchstaben *h*. Da nun Buchstaben auch Zahlenwerte haben, ergibt *h*, durchgezählt, 8. Das muß 1998 heißen, denn die anderen Buchstaben von 1998, 1 und 9, sind als Buchstaben *a* und *i*, also Vokale, die wir bekanntlich ganz nach Bedarf einfügen dürfen. Wir ergänzen folglich vor dem *h* die Vokale *a* - *i* - *i* und haben die Bestätigung: 1998.

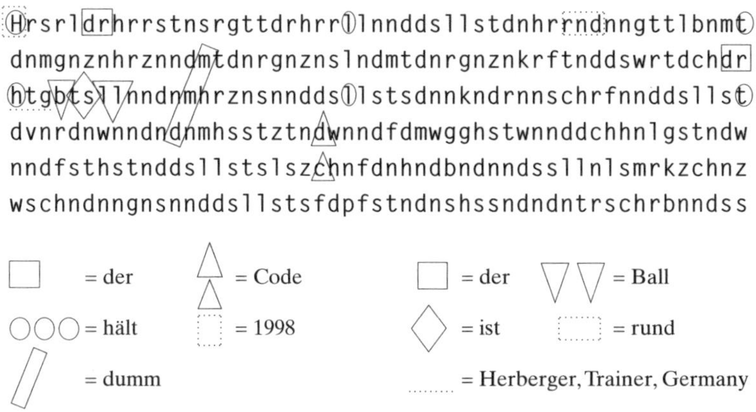

Nun sind wir allerdings erst richtig neugierig geworden. Da wir jetzt wissen, daß der ganze Text mit der Jahreszahl 1998 beginnt, fragen wir, ob er uns Auskunft über weitere Ereignisse dieses Jahres gibt. 1998 – das Jahr der Fußballweltmeisterschaft. Und in der Tat: In der dritten Zeile, beginnend mit dem vierten Buchstaben, haben wir die Abfolge *b - t - s - l - l*. Das heißt zuerst einmal «Ball». Die beiden mittleren Buchstaben durften wir nach der Drosnin-Methode überspringen, aber sie sind nicht ohne Bedeutung, denn rückwärts gelesen lauten sie *s - t*, und das ergibt selbstverständlich «ist». Erst jetzt sehen wir, daß am Ende der voraufgehenden Zeile *d - r* steht, und wir wissen bereits, was das heißt: «der». Also haben wir schon ein ungemein spannendes Zwischenergebnis: «Der Ball ist». Aber was ist der Ball? Im schrägen Dreieck zu den bisherigen Lösungsworten steht in der ersten Zeile, beginnend mit dem 39. Buchstaben, *r - n - d*: «rund». «Der Ball ist rund»! Eine begeisternde Erkenntnis, die als das klassische Zitat eines der großen Trainer der deutschen Fußballnationalmannschaft sprichwörtlich wurde. Sepp Herberger formulierte sie als Summe seiner Trainerweisheit über die Geheimnisse des Fußballspiels. Hingerissen erkennen wir, daß Herbergers goldene Worte bereits vor Tausenden von Jahren im Bibelcode verschlüsselt wurden, zu einer Zeit, als es weder den masoretischen Text der hebräischen Bibel gab, noch die Elberfelder Übersetzung.

Doch was ist das? Fast hätten wir vergessen, daß Drosnin zufolge auch Abkürzungen zulässig sind. Und nun offenbart der Bibelcode der Elberfelder Übersetzung seine wahre, internationale Größe. Denn zwischen «*dr*» = «der» und «*btsll*» = «Ball ist» stehen die drei Buchstaben *h - t - g*. Natürlich: «*H*erberger», «*T*rainer», «*G*ermany». Nicht nur das Zitat, auch der Name des Autors, sein Beruf und seine Nationalität sind im Bibelcode vorhergesagt.

Michael Drosnin hat durchaus recht: Es gibt den Bibelcode – seinen, meinen, irgendeinen. Jeder kann ihn sich so zurechtbasteln, wie er möchte, zurückschauend, voraussagend, nichtssagend. Das hat allerdings mit seriöser Textdeutung nichts mehr zu tun. Die Spiegelfechterei, mit der Drosnin behauptet, die mathematische Wahrscheinlichkeitsrechnung mache es unmöglich, daß es sich bei seinen Decodierungen um Zufälle handeln könne, kann uns nicht täuschen. Die Wahrscheinlichkeit, nach der Sepp Herbergers Lieblingssatz im 5. Buch Mose vorhergesagt wird, ist kaum höher als jene seiner eigenen Spiele. Und dennoch haben wir uns, nach seinen eigenen Regeln, die Entschlüsselung mit der einzigen Grundregel geschaffen, die dafür erforderlich ist: Spielfreude und viel literarische Phantasie. Wer virtuos genug damit umgeht, kann alles finden und erfinden. Allerdings sollten wir uns ehrlich eingestehen, daß es sich dabei um ein Hineinlesen handelt, nicht um ein Herauslesen. Ein Rest dieses Bewußtseins scheint sich auch der Bestseller-Autor Michael Drosnin bewahrt zu haben. Sein Buch ist von einem roten Faden der Abschwächungen, Einschränkungen, Relativierungen und Zurücknahmen durchzogen. Er hat sie jedoch so geschickt verpackt, daß die Verkaufsstrategie seiner Verlage davon offensichtlich nicht behindert wurde. Nur wer aufmerksam liest, was sich wie ein Code der Widerrufungen durch das Buch zieht, fragt sich denn doch, wie ein solches Konstrukt überhaupt jemals veröffentlicht werden konnte:

«Somit ist es *möglicherweise* eine Darstellung der Zukunft.» (Seite 9)[26]

«In unserer säkularisierten Welt scheint eine derartige Veröffentlichung *wenig Sinn zu ergeben.*» (12)

«*Vor dem Attentat* war niemand in der Lage, den Namen des Schützen oder das genaue Datum zu entdecken.» (14)

«Allerdings ist der Bibelcode keine Kristallkugel – ohne *gezielte Suche* läßt sich nichts entschlüsseln.» (29)

«Doch die eigentliche Frage lautet: Schildert der Bibelcode die Ereignisse so, wie sie eintreffen werden, oder wie sie eintreffen könnten? Erhalten wir Einblick in eine vorbestimmte Zukunft oder vielleicht in *sämtliche mögliche Varianten der Zukunft*?» (43)

«Auch wenn die jüngste Vergangenheit mit außergewöhnlichen Einzelheiten in der Bibel codiert ist, bleiben die beiden Fragen, die ich mir von Anfang an stellte – sind wir in der Lage, genaue Angaben über ein Ereignis zu erhalten, bevor es eintrifft, und können wir die Zukunft ändern? – *weiterhin ungeklärt.*» (124)

«Schauplatz auf Schauplatz, Krise auf Krise, Jahreszahl auf Jahreszahl, *bis sich schließlich nicht mehr feststellen ließ*, ob die eigentliche Gefahr für das Jahr 1996, 1997, 2000, oder ein ferner in der Zukunft liegendes Datum vorhergesagt wurde.» (177–178)

«Wir bestimmen den Verlauf der Ereignisse nach unserem Willen. *Insofern stehen wir dort, wo wir uns immer schon befunden haben*, mit einem großen Unterschied – heute wissen wir, daß wir nicht allein sind.» (188)[27]

«*Wir können nicht sicher sein*, was passieren wird, wir können lediglich die *Möglichkeiten* aufzeigen.» (224)

Das sind nur einige Beispiele; die Liste ließe sich beliebig

---

[26] Kursiv – hier und in den nachfolgenden Zitaten – von C.P.Th.

[27] Die ganze Ahnungslosigkeit Drosnins offenbart sich an dieser Stelle. Daß wir nicht allein sind, wissen Leser der Bibel ganz ohne Code, seit es die Bibel gibt.

verlängern. «Wir bestimmen den Verlauf der Ereignisse nach unserem Willen», behauptet Drosnin, und recht hat er, wenn er damit die willkürliche Bestimmung der Entscheidungen und Vorentscheidungen meint, die sich aus den Varianten seines Codes ergeben. Nehmen wir noch einmal sein Lieblingsbeispiel, die Ermordung Jitzhak Rabins. Das Schlüsselwort, der Name des Ministerpräsidenten, muß sich mit den entschlüsselnden Begriffen kreuzen oder zumindest in ihrer unmittelbaren Nähe stehen. Drosnin entscheidet sich, wie wir gesehen haben, für «Mörder, der morden wird», was nicht nur ganz anders gelesen werden kann, sondern zuerst einmal nahelegt, daß Rabin selbst der Mörder ist. Der Name Rabins wird im Umfeld des biblischen Texts, in dem er laut Drosnin erscheint – nämlich zwischen 5. Mose/Deuteronomium 2,33 und 24,16 – an einer Stelle, 4,42, von der «Mörder»-Stelle «gekreuzt».[28] Nehmen wir das ernst, dürfen wir jedoch nicht nur 5. Mose/Deuteronomium 4,42 heranziehen, sondern müssen auch die anderen Stellen prüfen, an denen nach Drosnins Methode Jitzhak Rabins Name «codiert» ist. Das sind immerhin sieben Stellen. Beginnen wir aber mit der von Drosnin selbst bestimmten, 4,42:

«Damals sonderte Mose drei Städte aus jenseits des Jordan, gegen Sonnenaufgang, damit ein Totschläger [Mörder] dahin fliehen kann, der seinen Nächsten unabsichtlich *erschlagen [ermordet]* hat und ihn nicht schon vorher haßte.»

Der klare Schriftsinn dieser Stelle widerspricht seiner Anwendung auf die Ermordnung Rabins, denn der Mörder (Amir) handelte nicht unabsichtlich, und er haßte sein Opfer zweifellos bereits vorher. Drosnin muß also die Aussage über den mordenden Mörder gegen die eindeutige Aussage des Textes aus ihm herauslösen.

Und dann sind da die anderen sieben Stellen, an denen der

[28] Drosnin, 229.

verschlüsselte (also weder im hebräischen noch im deutschen Normaltext sichtbare) «Rabin» gekreuzt wird:[29]

«Und Sihon zog zum Kampf aus, und entgegen nach Jahza, er und all sein Volk. Aber der Herr, unser Gott, *übergab* ihn an uns, und wir schlugen ihn und seine Söhne und all sein Volk.» (2,32–33)

«Und auch die Hornissen wird der Herr, dein Gott, gegen sie *senden*, bis alle, die übriggeblieben sind und die sich vor dir versteckt haben, umgekommen sind.» (7,20)

«So sollst du nun den Herrn, deinen Gott, lieben und sollst alle Tage seine *Vorschriften* halten und seine Ordnungen, seine Rechte und seine Gebote.» (11,1)

«Und du sollst ihn steinigen, daß er stirbt. Denn er hat versucht, dich vom Herrn, deinem Gott, abzubringen, der dich herausgeführt hat aus dem Land *Ägypten*, aus dem Sklavenhaus.» (13,11)

«Dann sollst du diesen Mann oder diese Frau, die diese böse Sache getan haben, zu deinen Toren hinausführen, den Mann oder die Frau, und sollst sie *mit Steinen* steinigen, daß sie sterben.» (17,5)

«Dann sollen die Priester, die Söhne *Levis*, herantreten. Denn sie hat der Herr, dein Gott, erwählt, seinen Dienst zu verrichten und im Namen des Herrn zu segnen; und nach ihrem Ausspruch soll man bei jedem Rechtsstreit und bei jeder Gewalttat verfahren.» (21,5)

«Nicht sollen Väter um der Söhne willen getötet werden und *Söhne* sollen nicht um der Väter willen getötet werden; sie sollen jeder für seine eigene Sünde getötet werden.» (24,26)

Halten wir also fest: Nicht nur enthält die «eigentliche» Stelle Drosnins, 4,42, eine völlig andere Aussage, als Drosnin sie be-

[29] Auf diese Stellen wies m.W. zuerst E. Nicole hin, ‹La Bible: le code secret›, Fac-Réflexion No 40–41 (1997/3–4), 57–61. Die Worte, die im Hebräischen einen Buchstaben enthalten, der vom Namen Jitzhak Rabins gekreuzt wird, sind hier kursiv gesetzt.

hauptet. Darüber hinaus hat jeder Leser nun die freie Wahl, darüber nachzudenken, ob Rabin irgendwann einmal von einer Hornisse gestochen wurde, ob er gesteinigt werden sollte oder als levitischer Priester auserwählt war und so weiter. In der Tat: Da ist das Lesen im Kaffeesatz erheblich präziser.

Mit der Drosnin-Methode darf man sich bekanntlich ohnehin über das, was im (hebräischen) Text steht, hinwegsetzen, da man sich die Wörter durch die Einfügung neuer Vokale beliebig rekonstruieren kann. Mit diesem Verfahren wird dann allerdings nicht nur die Bibel zum codierten Textbuch. Der amerikanische Forscher Shlomo Sternberg wies nach, daß er in Herman Melvilles Jahrhundertroman ‹Moby Dick› die Ermordnung der indischen Ministerpräsidentin Indira Gandhi und des nikaraguanischen Präsidenten Somoza entschlüsseln konnte.[30] Damit war Michael Drosnins allzu überhebliche Herausforderung gegen ihn gewendet; um die Einzigartigkeit seines ‹Bibelcodes› zu behaupten, hatte er seine Kritiker aufgefordert, auch in ‹Moby Dick› die Ermordung eines Premierministers zu finden.[31]

Sternberg war dabei noch nicht einmal auf die maßlosen Abstände zwischen den Buchstaben angewiesen, die Drosnin voraussetzen muß, um auf «Rabin» zu stoßen. Das kann man sich auf der Zunge zergehen lassen: Der Name des ermordeten Ministerpräsidenten erscheint, wenn man in der Tora jeweils 4772 Buchstaben (!) überspringt. Erst wenn das so ausgedruckt wird, stehen die Buchstaben des Namens untereinander. Da ist unser eigenes Spiel, bei dem wir einen tatsächlichen, eng begrenzten Bibeltext, das *Shema Israel*, benutzten und auf Sepp Herbergers Lieblingssatz stießen, ohne mehr als zwei Zeilen zu überspringen, vielleicht doch die ‹bessere› Lösung. Selbst Eliahu Rips, der israelische Mathematiker, will jedenfalls mit Michael Drosnins Bibelcode nichts zu tun haben – obwohl

---

[30] S. Sternberg, ‹Snake Oil for Sale›, Bible Review 22 (1997), 24–25.

[31] Newsweek, 9. Juni 1997.

doch Drosnin nicht müde wird, sich immer wieder auf ihn zu berufen:

Im Juni 1997 baten Rips und sein Kollege Doron Witztum, ein anderer angeblicher Garant für Drosnins Thesen, in Jerusalem zu einer Pressekonferenz. Rips erklärte dabei nachdrücklich, daß er sich mit Drosnin zwar getroffen, jedoch nie mit ihm zusammengearbeitet habe. Und dann sagte Rips, ein Kippa-tragender, gläubiger Jude, wörtlich: «Alle Versuche, aus Tora-Codes Botschaften zu entnehmen oder Vorhersagen zu machen, die darauf beruhen, sind sinnlos und ohne Wert. Das ist nicht nur meine Meinung, sondern auch die jedes Wissenschaftlers, der an ernsthafter Forschung über Codes beteiligt war.»[32] Rips fuhr fort: «Die einzige Schlußfolgerung, die aus der wissenschaftlichen Arbeit an Tora-Codes gezogen werden kann, ist: es gibt sie, und sie sind kein bloßer Zufall.»

Er bezog sich dabei offenbar auf den Ausgangspunkt seiner eigenen Arbeit, eine in modernem Hebräisch publizierte Studie des Rabbiners H.M.D. Weissmandel.[33] Der aus Prag stammende Bibelgelehrte hatte in den fünf Büchern Mose, d.h. der Tora, die auch mit ihrem griechischen Namen Pentateuch bezeichnet wird, bestimmte Muster entdeckt, die aus Wörtern oder Phrasen in Form konstanter Buchstabenfolgen bestanden. Rips und seine Kollegen Doron Witztum und Yoav Rosenberg wollten daraufhin schlicht ermitteln, ob es sich dabei um einen Zufall aufgrund der enormen Kombinationsmöglichkeiten von Wörtern und Ausdrücken in der hebräischen Tora handelte, oder ob es um ein echtes Phänomen geht. Das Ergebnis ihrer Untersuchung erschien nicht als Sensationsartikel, sondern in einer Fachzeitschrift.[34] Die Autoren bauten

---

[32] Als Zitat im Bericht über die Pressekonferenz, Jerusalem Post, International Edition, 14. Juni 1997, 24.

[33] H.M.D. Weissmandel, Torath Hemed. Mt Kisko: Yeshivath Mt Kisko, 1958.

[34] D. Witztum / E. Rips / Y. Rosenberg, Statistical Science 9 (1994), 429–438. Deutsch abgedruckt im Anhang bei Drosnin, 246–270.

genügend Varianten ein, um tatsächlich immer wieder auf Sachbegriffe und Personennamen zu stoßen. Doch der Schlüssel zum Geheimnis ihres Erfolgs liegt in der von Drosnin rückhaltlos ausgeschlachteten Technik des Überspringens von Buchstaben, beginnend mit dem ersten Buchstaben der Tora, nach dem ersten Durchlauf beim zweiten Buchstaben neu ansetzend, und so fort. So kann man – wir sahen es bereits oben – einen tatsächlich existierenden Code konstruieren, der tatsächliche Begriffe liefert.

Bei einem Text wie dem der Bibel, der auch ohne Code bereits einen lesbaren, Namen und Begriffe enthaltenden Sinn ergibt – und das unterscheidet ihn von vielen anderen Codes, die von Anfang an nur als Codes geschaffen werden –, ist das nicht weiter verwunderlich. Allerdings: In ihrem Aufsatz gingen die drei Autoren nicht über die Ermittlung von solchen Begriffen, Zahlen und Wortpaaren hinaus. Der Witz des Verfahrens liegt bei ihnen in der Verbindung von solchen Angaben: Bei 32 Personen, deren Namen man der ‹Encyclopaedia of Great Men in Israel› entnahm, fanden sie, nach ihrer Methode des Buchstaben-Überspringens, nicht nur die Namen, sondern in deren Nähe auch die Geburts- und Sterbedaten. Erinnern wir uns: Diese Angaben können nur gefunden werden, weil man sie bereits kennt, also systematisch nach ihnen suchen kann. So verblüffend ihre Ergebnisse auf den ersten Blick dennoch scheinen mögen, eine Vorhersage künftiger Kriege, Ermordungen, Weltuntergänge wurde von ihnen weder versucht noch für möglich gehalten. Das muß man ihnen zugute halten, auch wenn ihre Behauptung, andere Texte der Weltliteratur hätten solch einen Code nicht ergeben (ihr eigenes Beispiel ist Tolstojs ‹Krieg und Frieden›), nachweislich falsch ist, wie wir bereits gesehen haben. Es dürfte ihnen allerdings auch schwer fallen, das freimütig einzugestehen, denn damit ist ihre ganze Arbeit als irrelevante Formelvirtuosität bloßgestellt. Dennoch sind sie aufrichtig und konsequent genug gewesen, Drosnin entgegenzutreten. Auf der Jerusalemer Pressekonferenz erklärten sie, Drosnins Ausbeutung ihrer Technik würde die Bibel zu einer Art «Kristallkugel» machen; sie führten vor, wie man mit seiner Technik auch die Ermordung des am 24. Januar 1965 friedlich in seinem Bett verschiedenen britischen Politikers und Literaturnobelpreisträgers Sir Winston Churchill vorhersagen könne.

Doron Witztum ging abschließend noch einen Schritt weiter: «Die Glaubwürdigkeit ernsthafter Code-Forschung wird von Amateuren, deren ‹Entdeckungen› wissenschaftlich sinnlos sind, kompromittiert», erklärte er auf der Jerusalemer Pressekonferenz, «und die Menschen werden die Tora ausbeuten, um alle möglichen gefälschten Beweise zu präsentieren, mit denen sie ihre Ideologie stützen wollen.»

Ein Kritiker, der auch Rips und seine Mitarbeiter nicht ganz von einer Mitschuld an der Verwirrung freisprechen wollte, brachte es auf den Punkt: «Die Wahrheit der durch den Bibelcode entschlüsselten Informationen ist antiproportional zu ihrer Verwertbarkeit – je größer die Wahrscheinlichkeit ist, daß eine durch den Bibelcode gefundene Information *nicht* rein zufällig dort steht, desto unwichtiger ist die Information selbst. Und: je spektakulärer und damit verwertbarer eine durch den Bibelcode erhaltene Information ist, desto mehr Erklärungsbedarf besteht seitens des Lesers bzw. desto stärker hat Drosnin durch unsaubere syntaktische Methoden der Sache nachgeholfen.»[35] Man könnte es dabei belassen und sich darauf besinnen, daß Mord und Totschlag, Warnungen vor den Konsequenzen menschlichen Fehlverhaltens und die mehrfache Ankündigung eines Endes dieser Welt in einer vernichtenden Katastrophe völlig code-frei im Klartext der Bibel stehen, daß also selbst die erklärte Absicht von Drosnins Buch ebenso aufregend ist, als würde er Eulen nach Athen, Brunnen nach Rom oder Kanäle nach Venedig tragen. Wir wissen es alles längst,

[35] M. Heide, Der Bibelcode. Ein Gottesbeweis besonderer Art?, Fundamentum 1/1 (1998), 54–65, hier 63.

seit es die Bibel gibt. Und dennoch lohnt es sich, noch einige Schritte weiterzugehen. Drosnins Umgang mit dem Text der Bibel veranlaßt die unverändert aktuelle Frage, was denn nun der angemessene Umgang mit diesem Text ist. Und ‹Text› ist hier ganz wörtlich gemeint: Woher haben wir unseren Bibeltext, wie zuverlässig, wortgenau und konkret ist er?

Eliahu Rips und seine Mitarbeiter waren sich da ganz sicher, und Drosnin folgt ihnen: Der Bibeltext (bei ihnen auf das Alte Testament und vor allem auf die Tora bezogen) ist von Anfang an eine gesicherte Größe. Witztum, Rips und Rosenberg nennen ihn den «Textus Receptus», d.h. den allgemein anerkannten, rezipierten Text, und benutzen eine von ihnen nachgewiesene Jerusalemer Ausgabe.[36] Drosnin geht wie stets, so auch hier weit darüber hinaus: «Der Bibelcode wurde in der hebräischen Originalversion des Alten Testaments entdeckt, also in der ersten Niederschrift der Bibel.»[37] Das wäre eine tatsächlich großartige Entdeckung: Drosnin hätte einen Text in der Hand gehabt, den die heutige Forschung noch immer geduldig, zurückhaltend, ihrer Grenzen bewußt, auch mit Hilfe der Qumran-Funde zu rekonstruieren bemüht ist. Doch leider – auch hier kocht er nur mit Wasser: «Eine vollständige Abschrift aus dem Jahr 1008 n. Chr. (der Leningrad-Kodex) ist erhalten, mit der jede existierende hebräische Bibel Buchstabe für Buchstabe übereinstimmt. Somit hat der Text, den ich in meinem Computerprogramm verwendete ... zumindest seit 1000 Jahren keinerlei Abänderung erfahren.»[38] Seit 1000 Jahren? Das ist denn doch erheblich weniger als die 3000 Jahre, von denen Drosnin ansonsten stets spricht, wenn er betont, wann sein ‹Code› in den Bibeltext hineinverschlüsselt wurde. Gegen Ende des Buches merkt er, daß er sich auf Glatteis be-

---

[36] In ihrem Aufsatz in ‹Statistical Science›; bei Drosnin 265. ‹Textus receptus› ist ein Standardbegriff der Textkritik, auch für das Neue Testament; dazu unten mehr.
[37] Drosnin, 19.
[38] Drosnin, 39.

findet, und schreibt nun: «Daher besteht kein Zweifel daran, daß Informationen über unsere heutige Welt in einem Buch codiert sind, das vor mindestens 1000, wenn nicht sogar (mit an Sicherheit grenzender Wahrscheinlichkeit) vor 2000 Jahren in der heute vorliegenden Form verfaßt wurde.»[39]

Das ist alles recht seltsam. Wann wurde denn nun, Drosnin zufolge, die Bibel geschrieben und codiert? Vor 1000, vor 2000, vor 3000 Jahren? Weiß er überhaupt, wovon er spricht, wenn er – wie nun deutlich wird – die Entstehung der Texte mit dem Alter der erhaltenen Handschriften verwechselt? Sind die Verfasser seine ‹Codierer› oder die späteren Abschreiber? Rätsel über Rätsel, die Verwirrtheiten eines Ahnungslosen, der es aber offenbar so genau gar nicht wissen will. Das ist verständlich; denn wie wir im nächsten Kapitel sehen werden, fallen bereits die Grundmauern seiner gesamten Bibelcode-Konstruktion angesichts der tatsächlichen biblischen Textgeschichte wie ein Kartenhaus zusammen. Dabei geht es gar nicht mehr in erster Linie gegen Drosnins ‹Bibelcode› – widerlegt ist er ohnehin längst; es geht nun vor allem positiv und konstruktiv darum, zusammenzustellen und klarzustellen, was heute unsere solide Grundlage für den Text der Bibel ist.

---

[39] Drosnin, 202.

KAPITEL 2

Bibelwort und Bibeltext: die Grundlagen

Der hebräische Text

Jeder Code benötigt eine sichere sprachliche Grundlage, mit der er ver- und entschlüsselt werden kann. Der Bibelcode nimmt dafür den Text der Bibel. Genauer gesagt: Mit Ausnahme knapper Hinweise auf die Offenbarung des Johannes benutzt er das Alte Testament, den hebräischen *Tanach*.[40] Eliahu Rips und seine Mitarbeiter hatten sich ursprünglich noch auf ein einziges Buch beschränkt, Genesis/1. Mose (hebräisch: *Bereschit*), und waren erst in einem zweiten Schritt auf die ganze Tora, alle fünf Bücher des mosaischen Pentateuch, übergegangen. Das war noch konsequent: Die fünf Bücher Mose genießen in der jüdischen Tradition ein herausragendes Ansehen. Die wöchentlichen Lesungen zum Schabat sind ihnen – und nur ihnen – im jährlichen Zyklus von 54 Abschnitten (*Sidra*) entnommen. Andere biblische Bücher sind diesen Abschnitten als Prophetenlesung (*Haftara*) zugeordnet. Dabei handelt es sich um eine Auswahl aus den Propheten und den Geschichtsbüchern. Anders als bei den Tora-Lesungen wird hierbei nie eine auch nur annähernde Vollständigkeit erreicht.[41]

---

[40] Drosnin spricht vom ganzen ‹Alten Testament›: S. 13, 19, auch 48, wo unter der ganzen ‹Bibel› wohl nach herkömmlicher jüdischer Definition das von Christen so genannte Alte Testament zu verstehen ist.

[41] Die berühmteste neuere Zusammenstellung und Kommentierung von Sidra- und Haftara-Abschnitten ist der sogenannte ‹Hertz-Chumasch› (‹Chumasch›, «ein Fünftel», ist eine traditionelle Bezeichnung für die fünf Teile der Tora): The Pentateuch and Haftorahs. Hebrew Text, English Translation and Commentary, ed. by J.H. Hertz, C.H., Late Chief Rabbi of the British Empire, London: Soncino Press 1936 (2nd edition 1997).

Die Psalmen erscheinen ‹erst› im abschließenden Gebetsteil des Synagogen-Gottesdienstes. Es ist also nicht zu viel gesagt, wenn man die herausragende Stellung der Tora im jüdischen Leben betont. Sie ist letztlich auch dem Rang der Evangelien im christlichen Gottesdienst überlegen, die dort weder zyklisch noch in anderer Form vollständig gelesen werden.

Angesichts einer solchen Verbindlichkeit dieser Bücher für die gläubigen Juden – aber, wie es scheint, auch für die Bibelcode-Vertreter – muß natürlich nach der Verbindlichkeit der Textfassung gefragt werden. Und das ist keineswegs so einfach, wie es uns die immer wieder gern kolportierten Geschichten von der Heiligkeit jedes einzelnen unverrückbaren Buchstabens glauben machen wollen. Auch Eliahu Rips und Michael Drosnin müssen daran festhalten, denn andernfalls wären ihre Codes von Anfang an zum Scheitern verurteilt. Doch schon die ältesten erhaltenen Textzeugnisse der Bibel mahnen uns zur Vorsicht: Die Schriftrollen von Qumran, zwischen 1947 und 1956 entdeckt und längst so gut ausgewertet, daß auch Mathematiker wie Rips und Journalisten wie Drosnin vom Sachverhalt wissen sollten, zeigen deutlich, wie wechselhaft die Textgestalt (nicht zu verwechseln mit Inhalt und Aussage) mindestens noch bis zur Zeit der Geburt Jesu war. Ist jedoch die Wortwahl, der Stil, die Syntax, die ganze sprachliche Gestalt der hebräischen Bücher *nicht* von allem Anfang an endgültig festgelegt – und das beweisen die Qumranfunde –, dann kann ein Code nicht funktionieren. Jedenfalls kein Code, von dem beansprucht wird, daß er ursprünglich von einer unbekannten Macht, gar von Gott selbst geschaffen wurde.[42] Sehen wir uns das genauer an:

---

[42] Das ist eine Tatsache, die in der Auseinandersetzung mit Michael Drosnin lange übersehen wurde. Nachdem ich in einer kleinen Notiz darauf hingewiesen hatte (‹Idea Spektrum› 24, 1997, 5) wurde das erfreulicherweise auch anderweitig aufgegriffen und vertieft: T. Vogt, Der Bibelcode aus theologischer Sicht. Eine Stellungnahme zu Michael Drosnins ‹Der Bibelcode›, Fundamentum 1/1 (1998), 66–81, hier 72. Vgl. auch E. Nicole, La Bible: le code secret, Fac-Réflexion No 40–41 (1997/3–4), 57–61, hier 58.

Drosnin bezieht sich auf den ‹Leningrad-Codex› aus dem Jahr 1008 n. Chr. Er sei die Bibelabschrift, «mit der jede existierende hebräische Bibel Buchstabe für Buchstabe übereinstimmt».[43] An anderer Stelle, wir sahen es bereits oben, behauptet Drosnin, der «Bibelcode wurde in der hebräischen Originalversion des Alten Testaments entdeckt, also in der ersten Niederschrift der Bibel».[44] Das ist ein unauflösbarer Widerspruch, denn eine Abschrift des frühen 11. Jahrhunderts kann nicht die erste Niederschrift der (hebräischen) Bibel sein. Es sei denn, Drosnin oder ein anderer könnte den Nachweis führen, daß die hebräische Originalversion, die erste Niederschrift, bis in das kleinste Detail identisch ist mit dem ‹Leningrad-Kodex› des Jahres 1008. Eliahu Rips formuliert ein wenig vorsichtiger, jedoch gleichfalls ohne die erforderliche Kenntnis der Überlieferungsgeschichte. Er spricht vom «allgemein anerkannten Standardtext der Genesis», den er «Textus Receptus» nennt, verzeichnet ordnungsgemäß sogar den Verlag, dessen Ausgabe er benutzte, und hält fest, daß er exakt diesen Text in vollkommener Übereinstimmung verwendete.[45] ‹Textus Receptus› heißt wörtlich ‹rezipierter, angenommener Text›. Für das hebräische Alte Testament ist damit heute die Textfassung gemeint, die von der Familie Ben Ascher in Tiberias ediert und um 930 n. Chr. abgeschlossen wurde. Doch sie steht nicht allein. Fast gleichzeitig wurde am gleichen Ort eine andere Textfassung erarbeitet, jene des Ben Naftali. Und auch das war nicht genug. Der berühmte ‹Codex Reuchlinianus›, der im Jahr 1105 in Italien geschrieben wurde und fast drei Jahrhunderte lang weitreichende Geltung besaß, geht offenbar auf eine noch ältere Vorlage zurück. Aus dieser Konkurrenz ging der Ben-Ascher-Text in der Fassung des Aaron Ben

[43] Drosnin, 39.
[44] Drosnin, 19.
[45] In dem Fachaufsatz der ‹Statistical Science›, 9/3 (1994), 429–438; bei Drosnin S. 265.

Ascher erst spät siegreich hervor. Entscheidend war das Ansehen des Philosophen, Arztes und Rabbis Mose ben Maimon, genannt Maimonides oder Rambam, nach den Konsonanten seines Namens (Rabbi Mose ben Maimon, RMBM). Maimonides wurde 1135 in Córdoba geboren und starb 1204 in Kairo; sein Grab befindet sich in Tiberias. Er gilt noch heute als hohe Autorität in Schrift- und Glaubensfragen; aus seiner Einleitung zum Talmud-Traktat ‹Sanhedrin› (*Chelek*) wurden die dreizehn Grundsätze des Judentums abgeleitet, die unter orthodox Gläubigen noch immer verbindlich sind.[46] Maimonides setzte sich für die Ben-Ascher-Fassung ein und benutzte für seine eigenen Arbeiten den ‹Aleppo-Kodex›, der sich zu seiner Zeit noch in Kairo befand. Mit der Autorität des großen Philosophen setzte sich diese Textfassung letztlich gegen die anderen durch. Mit kleineren Verbesserungen in der Punktation war dann im 14. Jahrhundert die Form erreicht, die den Namen ‹Textus Receptus› verdient. Bis in unser Jahrhundert wurde sie maßgeblich in der gedruckten Ausgabe des Jakob ben Chajim, die als ‹Biblia Rabbinica› 1524/1525 von Daniel Bomberg in Venedig veröffentlicht wurde; in heutigen Ausgaben der hebräischen Bibel wird sie als ‹Bombergiana› (B) bezeichnet.[47]

Noch einen weiteren Schritt müssen wir zurückgehen, um die Grundlagen des hebräischen Bibeltextes zu verstehen: Der ‹Textus Receptus› ist nicht der Anfang, sondern der Abschluß

---

[46] 1.: Gott existiert und ist der Schöpfer; 2.: Gott ist einmalig; 3.: Gott ist unabhängig und hat weder Form noch Gestalt; 4.: Gott ist ewig; 5.: Gott ist der Einzige, an den man glauben und zu dem man beten soll; 6.: Weil ihr Charakter göttlich ist, soll man an die Bücher der Propheten glauben; 7.: Mose ist der größte aller Propheten; 8.: Die Tora wurde Mose auf dem Sinai gegeben; 9.: Die Tora ist für immer gegeben; 10.: Gott ist allwissend; 11.: Der göttliche Lohn wird in dieser Welt und im Jenseits den Taten der Menschen entsprechen; 12.: Der Messias wird kommen; 13.: Die Auferstehung der Toten wird stattfinden.
Das einflußreichste Buch des Maimonides erschien 1190 in arabischer Sprache: ‹Dalat al-cha'irin›, ‹Der Führer der Verwirrten›, hebräisch ‹More ha-Nebuchim›. Wegen seiner Anlehnung an die Philosophie des Aristoteles als philosophischer Grundlage für das Verständnis des Judentums war es unter Zeitgenossen heftig umstritten.

einer Entwicklung. Was ging ihm voraus? Im Prinzip besteht die hebräische Schrift nur aus Konsonanten. Welche Vokale an welchen Stellen zwischen welche Konsonanten einzusetzen sind, erschließt sich nur durch die Aussprache, beim Vorlesen oder beim Auswendigzitieren. Seit frühester Zeit wurde daher diese Beherrschung der richtigen Aussprache im Unterricht vermittelt. Weitgehendes Auswendiglernen war dabei keine Unbequemlichkeit, sondern eine Hilfe – man mußte den vokalfreien Text nicht lesend beherrschen, wenn man ihn im mündlichen Unterricht mit Hilfe gedächtnisschulender (‹mnemotechnischer›) Methoden auswendig gelernt hatte. Noch das heutige, moderne Ivrit, das aus dem biblischen Hebräisch entwickelt wurde, funktioniert grundsätzlich so: Von Kindheit an, oder notfalls später als Zuwanderer, muß man lernen, wie die Wörter heißen und ausgesprochen werden; es ist dem Schriftbild allein nicht zu entnehmen, da die Vokale fehlen. Nur wenige ‹Brücken› gab es damals wie heute. Die Buchstaben *yod* (i), *waw* (u) und *he* zeigen einen Vokal am Wortende an; welcher das ist, bleibt beim *he* offen. In der Zeit des Zweiten Tempels, gegen deren Ende das Christentum entstand, hatten *yod* und *waw* auch die Funktion von Vokalen in der Wortmitte übernommen: *waw* für u oder o, *yod* für e oder i.

Auch dieses System reichte jedoch nicht allzu lange aus. So behalf man sich dort, wo kaum noch Hebräisch, aber um so

[47] Es ist eine der seltsamen Ironien der Geschichte, daß der Verleger Bomberg Christ war und der Herausgeber ben Chajim später zum Christentum konvertierte. Man muß hier immerhin sehen, daß der christliche Einsatz für den hebräischen Text des Alten Testaments gerade in dieser Zeit hoch und über alle religionspolitischen Zweifel erhaben war. Hierher gehört auch der große Theologe Johannes Reuchlin (1455–1522; nach ihm ist der oben genannte Codex Reuchlinianus benannt). Reuchlin war – als Christ – der Begründer hebräischer Studien in Deutschland. Als er von dem zum Christentum konvertierten Juden Johannes Pfefferkorn angegriffen wurde, der sich zum Ziel gesetzt hatte, die gesamte jüdische Literatur zu vernichten (!), kam es zu einem europaweiten Streit, in dem sich alle Humanisten auf die Seite Reuchlins stellten und mit ihren noch heute lesenswerten «Dunkelmännerbriefen» (‹Epistolae obscurorum virorum›) Pfefferkorn und dessen zum Teil auch innerkirchliche Anhänger lächerlich machten.

mehr Griechisch gesprochen wurde – und das war unter Juden bereits seit dem 3. vorchristlichen Jahrhundert vor allem außerhalb Palästinas zunehmend der Fall –, bald mit Umschriften des hebräischen Textes in griechischen Buchstaben. Da hier in der vokalreichen griechischen Sprache auch die Vokale ausgeschrieben wurden, war der Text nunmehr für alle, die die griechische Schrift verstanden, mühelos vokalisiert lesbar. Auch der christliche Textkritiker und Theologe Origenes (ca. 185 – 254 n. Chr.) gab eine solche Fassung in seiner sechsspaltigen Ausgabe des Alten Testaments, der ‹Hexapla› heraus.[48] Vermutlich waren es dann die islamischen Eroberungen der hebräisch-aramäischen Kernlande, durch die man das überlieferte Wissen endgültig bedroht sah, auch kamen regional unterschiedliche Traditionen, Sonderlehren und didaktische Bedürfnisse hinzu, die eine verbindliche Vokalisierung des hebräischen Textes ratsam machten.[49] Etwa um 700 n. Chr. war es soweit. Parallel machten sich im palästinischen Westen mit dem Zentrum Tiberias und im babylonischen ‹Diaspora›-Osten mit den Zentren Sura und Pumbeditha Gelehrte ans Werk, die man als ‹Masoreten› bezeichnete (vom Hebräischen ‹*masar*›, weiterreichen, übertragen). Die östliche Tradition konnte sich gegen den Westen nicht durchsetzen, und heute wird unter den Masore-

[48] Zur Zeit des Origenes wurde der griechische Text des Alten Testaments, die ‹Septuaginta›, die von jüdischen Übersetzern im Alexandria im 3. vorchristlichen Jahrhundert erstellt worden war, als von Gott inspiriert angesehen. Für einen christlichen Wissenschaftler wie Origenes war es daher eine vorrangige Aufgabe, den genauesten Text der ‹Septuaginta› (wieder)herzustellen und zu ermitteln, wie er sich zum – ebenfalls hebräischen – Grundtext verhielt. Origenes stellte sechs Spalten nebeneinander: den hebräischen Text in hebräischen Buchstaben, den hebräischen Text vokalisiert in griechischer Umschrift, die griechischen Übersetzungen des Aquila, des Symmachus, der Septuaginta und des Theodotion. Es ist eine der Merkwürdigkeiten der Textgeschichte, daß Origenes ausdrücklich berichtet, er habe für den hebräischen Text eine Schriftrolle herangezogen, die in einem Krug in einer Höhle bei Jericho gefunden wurde. Das war immerhin über 1700 Jahre, ehe Beduinen die Höhlen von Qumran bei Jericho entdeckten.

[49] Dazu, wie überhaupt zur Textgeschichte der masoretischen Bibel: M.H. Goshen-Gottstein, The Rise of the Tiberian Bible, Cambridge (Mass.): Brandeis University 1963.

ten gemeinhin nur noch die Arbeit der Gelehrten in Tiberias verstanden, deren führende Vertreter, die Familien Ben Ascher und Ben Naftali, uns bereits begegneten. Es gab eine Arbeitsteilung: *Soferim* (Schreiber, Schriftgelehrte) schrieben den Konsonantentext, *Naqdanim* (Punktierer) setzten die Vokalzeichen und die Lesezeichen (Akzente) ein, wobei sie bei der Entscheidung für Punkte und Striche über und unter den Konsonanten, das sogenannte ‹Punktieren›, wohl vom Bild der syrischen Schrift beeinflußt waren. Die eigentlichen Masoreten fügten dann Bemerkungen hinzu, sowohl an den vier Rändern, als auch, in Form einer alphabetischen Zusammenfassung, am Ende. Gerade diese Arbeit war und ist für die Beurteilung der maßgeblichen Textgestalt bedeutsam:

Die Randnotizen links und rechts, auch ‹Masora parva› (kleine Masora) genannt, äußern sich zur Schreibweise und geben an, wo Abschreibfehler möglich sind. Das geschieht zum Teil sehr detailliert, mit zahlreichen Querverweisen, um Lesern und Schreibern unmißverständliche Orientierungshilfen zu geben.[50] Die ‹Masora magna› (große Masora) führt die in der ‹Masora parva› genannten Stellen am oberen und unteren Rand oder neuerdings in einem separaten Band in Listen auf. Die Schluß-Masora oder ‹Masora finalis› beginnt mit einem alphabetischen Verzeichnis der Wörter, die nur zweimal in der Bibel vorkommen, und ordnet anschließend das gesamte masoretische Material alphabetisch an. Es ist einleuchtend, daß hier eine Fülle von Informationen vorliegt – allein der erste Band der ‹Masora magna› enthält 4282 Listen. Mit solchen Listen und Verzeichnissen kann man natürlich auch versuchen, hinter die ‹Geheimnisse› des hebräischen Textes zu kommen. Regelmäßigkeiten und auffällige Besonderheiten werden notiert, die nun den Interpreten der Texte für ernsthafte Auslegung ebenso wie für theologische Sprachspielereien zur

[50] Eine gute Übersicht über die Masora, mit Beispielen, bei E. Würthwein, Der Text des Alten Testaments, Stuttgart: Deutsche Bibelgesellschaft [5]1988, 34–37.

Verfügung standen. Die hebräischen Bibelausgaben mit den Zugaben der Masoreten sind es jedenfalls, die bis heute maßgeblich blieben und hinter der Formulierung «Textus Receptus», wie Eliahu Rips sie benutzt, zu verstehen sind.

Riskanter ist das Vorgehen, das allem Anschein nach Michael Drosnin vorzieht – denn er behauptet, sich auf einen Text zu stützen, dem eine einzige Handschrift zugrunde liegt, der ‹Leningrad-Kodex›. Die handschriftliche Überlieferung, so, wie wir sie heute kennen, läßt eine solche Bevorzugung nicht zu – keinesfalls dann, wenn sie die Grundlage für einen unverrückbaren Code sein soll. Der ‹Leningrad-Kodex›, den man heute eigentlich St. Petersburger Kodex nennen sollte, befindet sich unter der Handschriftennummer B 19A in der Öffentlichen Bibliothek von St. Petersburg, dem ehemaligen Leningrad. Er ist auf das Jahr 1008 datiert und liegt der ‹Biblia Hebraica› in der heute vor allem unter christlichen Alttestamentlern weitgehend maßgeblichen Stuttgarter Edition zugrunde, die ursprünglich 1929 von Rudolf Kittel und Paul Kahle begonnen worden war.[51] Er ist allerdings weder die einzige noch die älteste Handschrift, die den hebräischen Text enthält – wenn auch heute die einzige, die vollständig erhalten blieb. Unter den masoretischen Handschriften ist der ‹Codex Cairensis› des Mosche ben Ascher aus dem Jahre 895 über einhundert Jahre älter. Ebenfalls älter als der St. Petersburger Kodex ist der Kodex von Aleppo aus der Mitte des 10. Jahrhunderts; er wurde von Aaron ben Mosche ben Ascher mit Punktation versehen. Dieser offenbar besonders wertvolle Kodex, den Maimonides kannte, gelangte im Mittelalter aus Kairo nach Aleppo und von dort erst vor wenigen Jahrzehnten nach Jerusalem. Da weite Teile der Tora verlorengingen, tritt er heute für diese Bücher hinter dem St. Petersburger Kodex zurück. Seine Eigenheiten müssen dennoch künftig berücksichtigt werden; eine Faksi-

[51] Seit der dritten Auflage 1929 ist der ‹Leningrad-Kodex› Grundlage dieser Edition.

mile-Edition liegt bereits seit 1976 vor. Gerade seine Hochschätzung durch Maimonides, die letztlich, wie wir sahen, den Arbeiten der Masoreten von Tiberias zum Durchbruch verhalf, erfordert die genaue Erforschung dieser Handschrift. Daneben stehen weitere, unvollständige Handschriften der Masoreten, der St. Petersburger Prophetenkodex und drei sogenannte Erfurter Kodizes. Die Erfurter Handschriften, die heute in der Staatsbibliothek Preußischer Kulturbesitz in Berlin liegen,[52] bewahren einen Text, der sich teilweise von den Ben Ascher-Handschriften unterscheidet und jedenfalls noch nicht dem späteren ‹Textus Receptus› entspricht.

Warum ist das für unsere Frage nach Bibelcodes so wichtig? Wir sehen, daß schon innerhalb der masoretischen Tradition Unterschiede, Abweichungen, Meinungsunterschiede über die Textgestalt möglich waren. Sie sind unvollständig dem Anmerkungsteil und den Vorworten der Stuttgarter ‹Biblia Hebraica› zu entnehmen, auch mit der Begründung, daß und warum diese den Kodex von Aleppo bisher noch nicht berücksichtigen konnte. Bereits in der Phase, in der sich der sogenannte ‹Textus Receptus› herausbildete, waren also Varianten bekannt, die einen absolut verbindlichen Code-Text unmöglich machen. Denn wer will entscheiden, um es einmal zugespitzt zu sagen, auf wessen Seite Gott (oder Drosnins unbekannte, wohlwollende Macht) standen? Auf der Seite Ben Aschers? Auf jener Ben Naftalis? Bei Maimonides? Bei Jakob ben Chajim? Doch auch mit dieser Situationsbeschreibung sind wir noch nicht am Ende des Suchwegs angelangt. Denn die Fülle der Schriftrollen vom Toten Meer, die seit 1947 ausgewertet werden, haben mit einem Schlag die gesamte Textüberlieferung in ein neues Licht gerückt. Vor dieser Entdeckung waren die ältesten Textzeugnisse der hebräischen Bibel auf einige wenige Fragmente beschränkt, die allerdings bis heute nichts an Bedeutung ver-

---

[52] MS.Orient. 1210/11, 1212, 1213.

loren haben. Herausragende Bedeutung hat der sogenannte Papyrus Nash aus dem 2. vorchristlichen Jahrhundert, der sich heute in der Universitätsbibliothek von Cambridge befindet. Er ist keine eigentliche Bibelabschrift, sondern der Rest einer Rolle, die in der gottesdienstlichen Liturgie oder im Unterricht verwendet wurde – denn es handelt sich um ausgewählte Stellen, zuerst die Zehn Gebote in einer Mischung aus 2. Mose/Exodus 20 und 5. Mose/Deuteronomium 5, gefolgt vom «Shema Israel» aus 5. Mose/Deuteronomium 6. Besonders interessant ist an dieser Handschrift, daß die Reihenfolge des 6. und 7. Gebots umgekehrt ist und das *Shema* wie in der griechischen Septuaginta beginnt, gegen den Text der Masoreten. Mit anderen Worten: Die vierundzwanzig Zeilen des Papyrus Nash sind schon für sich wiederum ein überdeutlicher Hinweis darauf, daß selbst in vorchristlicher Zeit von einem einheitlichen hebräischen Text nicht die Rede sein kann.

Dieses Bild von einem variablen, fließenden Text wird noch klarer, wenn wir uns die Qumranfunde ansehen. Die berühmteste aller Qumran-Handschriften ist die große, 7.34m lange Lederrolle mit dem vollständigen hebräischen Text des Jesaja-Buchs, 1QIsa. Um 200 v. Chr. entstanden, ist sie nur eine von fast zweihundert Bibelhandschriften, die in Qumran gefunden wurden, wegen ihrer Vollständigkeit aber besonders wertvoll. Das Prachtstück, dessen Faksimile zu den Attraktionen des ‹Shrine of the Book› im Israel Museum Jerusalem gehört, weist Eigenarten auf, die von der Forschung schon früh bemerkt wurden.[53] Während die heutigen Alttestamentler das Prophetenbuch meist in zwei große Abschnitte teilen, Kapitel 1–39 (Proto-Jesaja) und 40–66 (Deutero-Jesaja) und einige noch einen dritten Jesaja in Kapitel 55–66 sehen (Trito-Jesaja), trennt die Qumran-Handschrift zwischen Kapitel 1–33 und 34–66. Sie tut dies allerdings nicht, um verschiedene Verfasser- und Traditi-

---

[53] Vgl. dazu u.a. E. Würthwein, Der Text des Alten Testaments, Stuttgart: Deutsche Bibelgesellschaft [5]1988, 40–41.

onsschichten zu kennzeichnen; dafür gibt es keinerlei Hinweise. Die beiden Teile unterscheiden sich vielmehr in ihrer Textgestalt. Das fällt vor allem an sprachlichen Details wie den vollen Suffixformen und der häufigeren *Plene*-Schreibung im zweiten Teil auf.[54] Allein diese Beobachtung reicht aus, um erneut festzuhalten, was wir bereits mehrfach festgestellt haben: Den eindeutigen, Buchstabe für Buchstabe und Zeichen für Zeichen maßgeblich identischen hebräischen Bibeltext gibt es nicht. Die beiden Jesaja-Hälften der Qumranrolle 1QIsa, der ältesten erhaltenen Handschrift dieses Buchs, machen das gerade in solchen Unterschieden innerhalb der gleichen Rolle schlagend deutlich. Und da ist noch mehr: Die Jesajarolle hat eine erhebliche Reihe von Varianten, die sie vom Text der Masoreten unterscheidet. Möglicherweise war der Schreiber der Rolle selbst ein Gelehrter, der eine bestimmte Interpretation des ihm vorliegenden Textes in die Textgestalt seiner Abschrift einbaute.[55] Um es in Zahlen auszudrücken: Die große Jesaja-Rolle weist gegenüber dem masoretischen Text, den wir vielleicht noch einmal ‹Textus Receptus› nennen sollten, nicht weniger als rund 1375 Varianten auf, dazu noch rund 4500 Abweichungen in der Orthographie. Daneben steht dann in Qumran noch eine zweite, nicht vollständig erhaltene Jesaja-Rolle (1QIsb), die so nahe am Text der Masoreten steht, daß man sie als einen direkten Vorläufer bezeichnen konnte. Das heiß nun: Parallel, zeitgleich, wurden unter den orthodoxen Essenern von Qumran –

---

[54] Unter Suffix versteht man eine Ableitungssilbe, die an den Wortstamm angehängt wird – im Deutschen zum Beispiel -heit, an Kind- angehängt, = Kindheit; oder Wohn/ung, usw. Im Hebräischen spielen solche Suffixe z.B. als Angabe der Bewegungsrichtung eine Rolle. Das Richtungssuffix ist ein *he*, also ein Vokalbuchstabe, und stets unbetont.
Mit *Plene*-(= ‹Voll›-)Schreibung wird die Ausschreibung der Vokalbuchstaben *waw* und *yod* bezeichnet. Fehlen sie dort, wo man sie erwarten müßte, spricht man von ‹Defektivschreibung›.

[55] Dies ist z.B. die Auffassung des Qumran-Forschers Shemaryahu Talmon, DSIa as a Witness to Ancient Exegesis of the Book of Isaiah, Annual of the Swedish Theological Institute Jerusalem 1 (1962), 62–72.

und sicher auch anderswo – zwei sehr unterschiedliche Textfassungen des Jesaja benutzt. Muß man daraus schließen, daß noch nicht einmal die strengen Bewahrer der Tradition, als die wir die Essener aus ihren eigenen Schriften kennen, einen einheitlichen, autoritativen Text für erforderlich hielten?

Das Bild gewinnt weiter an Konturen, wenn wir uns andere Qumran-Rollen ansehen. Es gibt praktisch keine Handschrift, die ausnahmslos mit dem ‹Textus Receptus› der Masoreten übereinstimmt. Die Abweichungen sind nicht immer zahlreich, doch auch in den verschiedenen Fragmenten der Tora, und hier wiederum besonders der Genesis – also den wichtigsten Büchern der hebräischen Bibel – gibt es solche textlichen Abweichungen. Hier betreffen sie im wesentlichen Schreibervarianten wie die oben erwähnte ‹*Plene*›-Schreibung. Tatsächlich war die Freiheit der Schreiber und schreibenden Interpreten gegenüber dem Text der Tora wohl geringer als gegenüber anderen Büchern. Hier könnte schon früh eine verbindliche Textfassung vorgelegen haben, an die man sich weitgehend hielt. Doch welcher Art auch immer die Textabweichungen auch in der Tora sind – entscheidend bleibt, daß es sie gibt und daß damit die Entscheidung für den zeitlos verbindlichen Codierungs-Text nicht möglich ist.

Der Bibelcode scheitert daher nicht nur an sich selbst, wie wir im ersten Kapitel sahen. Er scheitert auch an der Unhaltbarkeit der Entscheidung für eine einzige Textüberlieferung, ob diese nun der St. Petersburger Kodex ist, oder ob sie ‹Textus Receptus› genannt wird. Die Aufgabe der wissenschaftlichen Textkritik ist es, im Alten wie im Neuen Testament, so nahe wie möglich an den ‹Urtext› heranzukommen. Die Behauptung, ihn bereits zu haben, ist dagegen wissenschaftlich unredlich. Auch die Feststellung, daß der reine Konsonantentext der hebräischen Bibel wohl schon um 100 n. Chr. als eine Art Standardtext festgelegt war, wäre bestenfalls eine zeitliche Verschiebung nach hinten. Die Annahme eines solchen Textes belegt nicht mehr, als daß sich in der Folge der Zerstörung Jerusalems und des Tempels 70 n. Chr. die Notwendigkeit der religiösen Konsolidierung auch auf die Arbeit am Text auswirkte: Da zu diesem Zeitpunkt die Pharisäer die beherrschende Gruppierung im Judentum waren, dürfte die Entscheidung für die bei ihnen gebräuchliche Textform nahegelegen haben. Daß sie damit besser oder älter ist als die anderen, von denen wir in Qumran Spuren finden, ist keineswegs gesagt. Gerade die editorische Arbeit, die durch Rabbi Akiba (um 55 – 137 n. Chr.) bestimmend geworden war und die im Zusammenhang mit der Festlegung des Kanons auf der Pharisäer-Synode von Jamnia/Javne um 80 n. Chr. zu sehen ist, bestätigt das: Methodische Regeln für die Erfassung und die Bewahrung des besten Textes mußten eben gerade deswegen erarbeitet werden, weil strittig war, was der beste Text ist.

An dieser Stelle müssen wir für einen Augenblick innehalten. Denn auch in neueren Büchern über Qumran und den Text der Bibel lesen wir etwas ganz anderes: die Bestätigung der weitverbreiteten Auffassung, daß die hebräische Bibel genau und zuverlässig überliefert ist. Hervorgehoben in halbfettem Druck betont das z.B. jüngst der Qumran-Ausstellungsleiter Alexander Schick in einem populären, sehr empfehlenswerten Einführungsbuch: «Die Untersuchung der Qumranrollen ergab, daß der Bibeltext unglaublich sorgfältig überliefert worden ist.»[56] Unterstützung findet er dabei in zwei Aussagen bekannter Qumran-Forscher, die er zitiert, Claus-Hunno Hunzinger und Hartmut Stegemann. Hunzinger, in der Anfangszeit der erste und einzige Deutsche im Herausgeberteam der Schriftrollen, urteilt: «Die Texte von Qumran bestätigen in überraschender Weise die Zuverlässigkeit der Überlieferung des hebräischen Textes.»[57] Und Hartmut Stegemann,

---

[56] A. Schick, Faszination Qumran. Wissenschaftskrimi, Forscherstreit und wahre Bedeutung der Schriftrollen vom Toten Meer, Berneck: Schwengeler Verlag 1998, 47.

[57] Bei Schick S. 47, zitiert aus einem Vortrag Hunzingers am 10.6. 1994 in Kaltenkirchen.

Leiter der Qumran-Forschungsstelle an der Universität Göttingen, schreibt: «Sie [die Qumranfunde] stellen jetzt den jüdischen Kopisten der Zwischenzeit ein Berufszeugnis aus, wie es vorzüglicher nicht sein könnte: Nur für ganz wenige, ziemlich belanglose Kleinigkeiten lassen sich Ungenauigkeiten oder gar Irrtümer feststellen. Den Bibeltext, wie wir ihn aus dem Mittelalter kennen, gab es ebenso schon tausend Jahre zuvor.»[58] Was kann mit solchen Aussagen gemeint sein? Nimmt man Hartmut Stegemanns Äußerung wörtlich, dann ist sie zweifellos falsch. Denn 1375 Textvarianten, dazu rund 4500 orthographische Varianten, allein in der großen Jesaja-Rolle, widerlegen bereits für dieses biblische Buch die Formulierung, daß es sich hier um *«nur ganz wenige»* Kleinigkeiten handelt. Der Schlüssel zu dieser offenbar recht zugespitzten und zugleich ein wenig codierten Aussage scheint in den «ziemlich belanglosen» Kleinigkeiten zu liegen. Denn so darf man werten, wenn es um das Gewicht der zahlreichen Abweichungen *für den Inhalt* des Buches geht. Die vielen tausend Varianten, bei Jesaja und in den anderen Büchern, betreffen nämlich bis auf verschwindend wenige, leicht erklärbare Veränderungen der Aussage weder den Gehalt noch die Lehre der hebräischen Bibel, sondern ‹nur› ihre textlich-sprachliche Gestalt. So, aber auch nur so, trifft Hartmut Stegemanns Einschätzung zu, daß es den Bibeltext, den wir aus dem Mittelalter kennen, ebenso auch schon tausend Jahre zuvor gab, und in diesem Sinne gilt auch Claus-Hunno Hunzingers Urteil, daß die Texte von Qumran in überraschender Weise die Zuverlässigkeit des hebräischen Textes bestätigen.[59]

Jüdische und christliche Leser des Alten Testaments wollen

---

[58] H. Stegemann, Die Essener, Qumran, Johannes der Täufer und Jesus, Freiburg/Basel/Wien: Herder ^{3}1994, 124; bei Schick 47.

[59] Einige leicht nachvollziehbare Beispiele für die Varianten der Qumran-Rollen, die in den heutigen Text Eingang fanden, und für den Charakter der sprachlich-orthographischen Abweichungen bietet das oben in Anm. 56 genannte, gut bebilderte Einführungsbuch von A. Schick, 48–49.

zu Recht vor allem wissen, ob das, was sie da inhaltlich geboten bekommen, von den ältesten Handschriften bis heute zuverlässig überliefert ist. Die Antwort darauf lautet: ja. Geht es dann jedoch um die sprachliche, textliche Gestalt, dann muß man die vielen Unterschiede zur Kenntnis nehmen, auch wenn sie nur für die Forschung von Belang, für normale Leser aber ‹belanglos› sein mögen. Es bringt auf die Dauer nicht viel, diese Textgeschichte hinter geschickten Formulierungen zu verbergen.[60] Auch die Bibel selbst verlangt weder von sich noch von den Gläubigen, eine unverrückte und unverrückbare Textgestalt anzunehmen. Der in diesem Zusammenhang gern und oft zitierte Satz Jesu, es werde bis zum Ende der Tage auch nicht ein Jota oder ein Strichlein vom Gesetz vergehen (Matthäus 5,18), kann nicht dagegen herangezogen werden. Denn hier geht es gerade nicht um die handschriftliche Überlieferungstreue, sondern zweifelsfrei um die Unveränderbarkeit *des Gesetzes* der Tora – also, anders gesagt, um den Inhalt, nicht um die sprachliche Gestaltung dieses Inhalts. Nicht der kleinste Teil des Gesetzes wird vergehen – und hierfür benutzt Jesus zur Verdeutlichung das Bild des kleinsten Teils in einer hebräischen (bzw. einer griechischen) Schriftrolle, wahlweise ein *yod*, ein Unterscheidungshäkchen oder eine verzierende Serife. Es ginge völlig am Text des Jesuswortes vorbei, wenn man hier sein vergleichendes Bild für den Kern seiner Aussage nähme. Auch die Rabbinen sprachen in diesem Sinne von der

[60] Knapp und aufschlußreich wurde der scheinbare Gegensatz zwischen Text und Textgestalt schon 1961 von Otto Stegmüller zusammengefaßt: «So viel kann man aber schon sagen, daß der Text der hebräischen Bibel seit den Tagen der Qumran-Leute uniform gewesen ist... Die zahlreichen Abweichungen [in den Jesaja-Rollen] von der Masora liefern Belege für die Geschichte, die Aussprache und die Formenlehre des Althebräischen. Manche dieser Varianten machen Lesarten der alten Übersetzungen verständlich... So läßt sich doch erschließen, daß um die Zeitenwende mindestens zwei Texttypen des Jesajabuches im Umlauf waren.» O. Stegmüller, Überlieferungsgeschichte der Bibel, in: H. Hunger/O. Stegmüller/H. Erbse/M. Imhof/K. Büchner/H.-G. Beck/H. Rüdiger, Die Textüberlieferung der antiken Literatur und der Bibel, Zürich: Artemis 1961, hier zitiert nach der Ausgabe München: dtv 1975, 156.

ewigen Unveränderbarkeit der Lehre des Gesetzes.[61] Daher konnte der Neutestamentler Theodor Zahn in seinem Kommentar zur Matthäus-Stelle von «sprichwörtlicher Bildlichkeit» sprechen.[62] In gewisser Weise befinden sich Bibelleser, die heute zwischen den verschiedensten deutschen, französischen, englischen (usw.) Übersetzungen zu wählen haben, in einer ähnlichen Situation. Sieht man einmal von Detailfragen ab, bei denen aus der Übersetzung eine sinnverändernde Interpretation wurde, so sind solche Übersetzungen verschiedene Textformen des gleichen Textgehalts. Die Zehn Gebote beispielweise verändern ihre Verbindlichkeit nicht, ganz gleich, ob man sie nun in der Textgestalt der ‹Elberfelder Bibel›, der ‹Neuen Genfer Übersetzung›, der ‹Einheitsübersetzung›, der ‹Hoffnung für alle›, der ‹Traduction Oecuménique de la Bible›, der ‹Version synodale›, der ‹King James Bible›, der ‹Revised English Bible› oder irgendeiner anderen Wiedergabe liest. Erst bei der Frage nach ‹Codes› und ihren Entschlüsselungen werden diese Fragen wieder wichtig – denn es ist leicht nachvollziehbar, daß ein ‹Code›, den man beispielsweise in die ‹Hoffnung für alle› hineinbastelt, nicht zugleich in der ‹Neuen Genfer Übersetzung› funktionieren kann. Und so verhält es sich folglich auch mit den Textvarianten innerhalb der Handschriften unserer Ausgangssprachen, seien sie nun hebräisch oder griechisch.

---

[61] Vgl. z.B. Midrasch Exodus Rabba zu 2.Mose/Exodus 6,2.

[62] Th. Zahn, Das Evangelium des Matthäus, Leipzig/Erlangen [4]1922, Nachdr. Wuppertal/Zürich: R. Brockhaus 1984, 217. Zahn weiter: «Wenn Jesus versichert, daß bis zu dem Zeitpunkt, in welchem Himmel und Erde vergehen, auch nicht der kleinste Bestandteil des Gesetzes vergehen und damit vom Gesetz abhanden kommen werde, so tritt er damit der … Meinung entgegen, daß das AT und insbesondere das Gesetz eine Sammlung von Einzelheiten ohne notwendigen inneren Zusammenhalt sei, aus welcher man nach Belieben einige Stücke als verbindlich gelten lassen, andere außer Geltung setzen dürfe.»

Der griechische Text

Es gibt nicht nur einen hebräischen Text des Alten Testaments, es gibt auch einen aramäischen, es gibt den samaritanischen und dann, schon seit dem dritten vorchristlichen Jahrhundert, einen griechischen. Daß wir auf den aramäischen Text oben nicht näher eingegangen sind, bedeutet keine Geringschätzung: Es ist bekannt, daß Aramäisch seit dem 8. Jahrhundert v. Chr. auch im Westen des neuassyrischen Reichs die allgemeine Handels- und Diplomatensprache war. Schon eines der ältesten Lieder der Bibel, das Lied der Debora (Richter 5, aus dem 11. vorchristlichen Jahrhundert) enthält ein aramäisches Wort. Das Buch Jeremia bietet einen aramäischen Abschnitt (10,11). Während des Babylonischen Exils wurde Aramäisch auch zur Umgangssprache. Die Bücher Esra und Daniel enthalten lange aramäische Abschnitte, die gar nicht mehr ins Hebräische übertragen wurden. Dennoch muß in unserem Zusammenhang das Aramäische nicht selbständig behandelt werden, denn das, was weiter oben über die Überlieferungsgeschichte des hebräischen Textes gesagt wurde, gilt auch für die aramäischen Texte und Textteile. Spannender ist die Überlieferung durch die Samaritaner. Wohl im 4. Jahrhundert v. Chr. trennten sie sich von der jüdischen Mehrheit; zum endgültigen Bruch scheint es gekommen zu sein, als der Hasmonäer Johannes Hyrkanus I. um 108 v. Chr. den Hauptort Sichem und das samaritanische Heiligtum auf dem Berg Garizim zerstörte. In bemerkenswerter Treue zum Kernbestand der gemeinsamen Überlieferung hielten die Samaritaner nach und trotz der Trennung an den fünf Büchern der Tora fest. Der Text ist hebräisch, jedoch in einer eigenen Textfassung. Wie diese sich zu den sonstigen hebräischen Textvarianten der Tora verhält, ist eine nach wie vor reizvolle Frage, denn es war und ist umstritten, ob der heute bekannte Text, dessen ältestes noch nachweisbares Zeugnis eine heute in Cambridge aufbewahrte Handschrift aus der Zeit vor 1150 n. Chr. ist, ursprünglich älter oder jünger war als die Handschriften, die von den Masoreten benutzt wurden. Diese Frage ist um so interessanter, als der samaritanische Tora-Text in über 6000 (meist orthographischen) Fällen vom Text der Masoreten abweicht; und von diesen Abweichungen stimmen rund 1900 mit der Fassung überein, die auch dem Text der griechischen Septuaginta zugrunde lag. Andere Abweichungen sind mit Varianten in den Qumran-Handschriften identisch, wieder andere stimmen mit dem Text überein, den das griechische Neue Testament bei alttestamentlichen Zitaten voraussetzt. So bleibt der sogenannte ‹Samaritanische Pentateuch› gerade wegen seiner Rolle zwischen den anderen Texttraditionen überaus wichtig. Und er belegt ein weiteres Mal die Unmöglichkeit, eine eindeutige, ‹decodierbare› Urfassung festzustellen.

In diesem Umfeld hat nun der griechische Text des Alten Testaments eine ganz besondere Qualität. Wir sahen bereits, daß er noch zur Zeit des Origenes, also gut 500 Jahre nach seiner Entstehung, für inspiriert gehalten wurde. Diese Hochschätzung bezog sich ursprünglich auf den ersten Teil der Übersetzung, die Tora (griechisch ‹Pentateuch›), von deren Entstehung in Alexandria unter König Ptolomäus II. Philadelphos (285–247 v. Chr.) gut einhundert Jahre später der sogenannte Aristeas-Brief mit legendären Ausschmückungen berichtet. Heute scheint gegen alle Legenden festzustehen, daß die Tora ins Griechische übersetzt wurde, weil die Juden außerhalb Palästinas, d.h. in der ‹Diaspora›, und hier vor allem in Ägypten, nicht mehr genügend Hebräisch beherrschten, um den hebräischen Lesungen im Synagogen-Gottesdienst folgen zu können. Angesichts der hohen jüdischen Bevölkerungsdichte in Ägypten war das Grund genug – schon die Hauptsynagoge von Alexandria war so groß, daß der Moment des allgemeinen ‹Amen› mit Flaggen signalisiert werden mußte. Zur Zeit des entstehenden Christentums war es dann soweit, daß selbst hochgebildete Juden kaum noch Hebräisch verstanden. Der vielleicht bedeutendste jüdische Theologe und Philosoph dieser Zeit, Philo von Alexandria (ca. 25 v.Chr – ca. 50 n. Chr.)

konnte allem Anschein nach überhaupt kein Hebräisch mehr. Er war es dann aber auch, der die Übersetzung der Tora – wohl auch die des gesamten Alten Testaments – ins Griechische als göttlich inspiriert deklarierte.[63] Ihm folgten bald die Christen, bis zu Origenes mit seiner oben beschriebenen ‹Hexapla›.

Es braucht uns hier nicht zu interessieren, ob dieser Anspruch zu Recht erhoben wurde oder ‹nur› Teil einer Reihe von Maßnahmen war, mit denen im Rahmen der Synagogen die gottesdienstliche Stellung des griechischen Textes an Stelle des hebräischen abgesichert werden sollte. Schon vor Philo hatte ja der Aristeas-Brief einen Fluch über jene ausgesprochen, die dem Text etwas hinzufügen, etwas aus ihm weglassen oder an ihm verändern.[64] Ausschlaggebend ist, daß es in vorchristlicher und christlicher Zeit zahlreiche Juden in allen Schichten der Bevölkerung gab, später auch Christen, für die der griechische Text uneingeschränkt gleichrangig neben dem hebräischen bestand. Und diese Feststellung ist nicht nur für das Verständnis der Textgeschichte des Alten Testaments und dessen Interpretation wichtig. Sie ist auch vernichtend für alle Bibelcode-Anhänger. Denn der griechische Text weicht nicht nur in kleinen Details, sondern immer wieder in zum Teil weitgehenden inhaltlichen Dingen vom hebräischen Text ab. Da er aber zweifellos auf eine (oder mehrere) hebräische Grundlage(n) zurückgehen muß – denn es handelt sich um eine Übersetzung –, kommen wir nicht an einer nüchternen, doppelten Schlußfolgerung vorbei: Mit dem als inspiriert geltenden hebräischen Text konnten die als inspiriert geltenden Übersetzer frei gestaltend umgehen; und wo sie es nicht taten, lagen ihnen offenbar hebräische Rollen vor, die nicht

[63] Philo, De Vita Mosis II,37. In seinem Bericht über die Entstehung der Tora-Übersetzung (II,25–44) sagt er an dieser Stelle ausdrücklich, daß die Übersetzer «unter Inspiration schrieben».

[64] Aristeas-Brief 311; eine Schutzformel für von Gott autorisierte, inspirierte Schrift, die aus 5.Mose/Deuteronomium 4,2 abgeleitet ist und sich modifiziert auch noch im 2.Petrusbrief 3,15–16 findet.

immer mit dem ‹Textus Receptus› der Masoreten identisch waren.[65]

Es gibt heute erheblich mehr erhaltene Handschriften des griechischen Alten Testaments als des hebräischen. Obwohl ein genauer Überblick noch nicht möglich ist, da die vollständige Auswertung der griechischen Handschriften des Alten Testaments noch nicht so weit gediehen ist wie die der Handschriften des Neuen Testaments, kann man über 2 000 vollständige und fragmentarische Septuaginta-Handschriften annehmen.[66] Gemessen am griechischen Neuen Testament mit seinen über 5 600 Handschriften mag das nicht sonderlich beeindruckend klingen. Der Vergleichsmaßstab ist jedoch die sonstige griechische Literatur der Antike, gerade auch jene, die in der Zeit der Entstehung und Verbreitung der Septuaginta auf dem Markt war. Und da sehen die Zahlenverhältnisse ganz anders aus:

Von Herodot, dem griechischen Historiker, der ungefähr

---

[65] Das 1952 in Höhle 4 entdeckte hebräische Qumranfragment 4QSam^{a} mit 1. Samuel 1,22 – 2,24 ist ein solches Beispiel. Der Text ist nahezu deckungsleich mit dem griechischen Text der Septuaginta. Das Fragment selbst kann natürlich nicht ein Rest der Vorlage gewesen sein, die von den Septuaginta-Übersetzern benutzt wurde – es ist mindestens ein halbes Jahrhundert jünger –, aber es dürfte sich um eine Abschrift dieser hebräischen Textvorlage handeln. Mit anderen Worten: Die Juden, die das hebräische Alte Testament in vorchristlicher Zeit ins Griechische übersetzten, hatten einen hebräischen Text zur Verfügung, der älter und in Teilen anders war als jener, auf den die Masoreten ihre Edition aufbauten.
4QSam^{a} ist in Qumran kein Einzelfall; auch das 2. Mose/Exodus-Fragment 4QExod^{a} gehört beispielsweise hierher. Anschaulich dargestellt werden die Varianten von 1. Samuel 1,22 – 2,24 zwischen dem Qumran-Text, der Septuaginta und dem Text der Masoreten in einer auf Frank M. Cross und K. Klipphahn zurückgehenden Tabelle bei A. Schick, Faszination Qumran, Berneck: Schwengeler 1998, 51.

[66] In der Literatur, auch bei der Kennzeichnung von Septuaginta-Handschriften gegenüber anderen griechischen Fassungen der Bibel, wird häufig die Abkürzung ‹LXX› benutzt. Das sind die lateinischen Zahlbuchstaben für ‹siebzig› = *Septuaginta*. Dieser Name ist der wohl legendären Tradition übernommen, daß siebzig (anders auch: zweiundsiebzig) Übersetzer diese Fassung parallel zueinander erstellten, anschließend zur wortgleichen Deckung brachten und das fertige Produkt ihrem Auftraggeber, dem Ptolomäer-König Ptolomäus II. Philadelphos überreichten.

von 484 bis 425 v. Chr. lebte, sind gut zwanzig fragmentarische Papyri erhalten, deren ältester 500 Jahre nach seinem Tod entstand. Für das Gesamtwerk gibt es nur zwei ‹alte› Handschriften, aus dem 10. und 14. nachchristlichen Jahrhundert. Dem ersten der drei großen griechischen Dramatiker, Aischylos, der 456 v. Chr. starb, ist es noch schlechter ergangen. Wir kennen die Titel von 79 Stücken, die er schrieb. Nur sieben sind vollständig erhalten geblieben, dazu kleinere Papyrus-Fragmente auch anderer Stücke. Die sieben vollständigen haben wir in nur einer Handschrift vom Anfang des 11. nachchristlichen Jahrhunderts, anderthalb Jahrtausende nach dem Tod des Autors. Die Beispiele ließen sich beliebig fortsetzen.[67] Altphilologen, die sich mit der Edition antiker Literatur befassen, haben daher eine zugleich leichte und schwere Aufgabe. Sie müssen die mehr oder weniger vollständigen mittelalterlichen Handschriften miteinander vergleichen (kollationieren), Abweichungen notieren und aufgrund der Eigenarten dieser Abweichungen ermitteln, in welchem Verhältnis diese Handschriften zueinander stehen. So können diejenigen festgestellt werden, die näher am (verlorenen) Original stehen bzw. den zuverlässigsten Text bieten (und der ist nicht immer in der ältesten Handschrift zu finden). Da keine dieser Handschriften mit dem Original identisch ist, muß der textkritische Apparat jeder Ausgabe nachweisen, welche Entscheidung für oder gegen welche Lesart warum getroffen wurde. Sofern Papyri oder Pergamente aus dem Altertum erhalten blieben, sind auch diese genau zu prüfen.

Dieses Verfahren ist einerseits leicht, weil die Zahl der nichtbiblischen Handschriften der antiken Literatur überschaubar ist, es ist aber auch ungemein schwer, weil gerade diese überschaubare Zahl ein Ziel greifbar macht, die tatsächliche Ermittlung des besten Textes und seiner Entwicklungsgeschichte,

---

[67] Eine gute, graphisch erläuterte Übersicht bei G. Kroll, Auf den Spuren Jesu, Leipzig: St. Benno-Verlag [10]1988, 72.

gekrönt von einem Stammbaum oder ‹Stemma›. Um dieses Ziel zu erreichen, muß jede Variante mit größter Sorgfalt geprüft werden; es gibt keine ‹Abkürzungen›, wie sie in der neutestamentlichen Forschung noch üblich sind, wo man aufgrund methodischer Vorentscheidungen rund 90% der Textüberlieferung unter dem Begriff ‹Mehrheitstext› gleichsam in die Ecke stellte und nur an ausgewählten Beispielen darstellte. Erfreulicherweise ändert sich das inzwischen; doch schon die Fülle dieser Handschriften und ihre Geschichte machen es unmöglich, für den Text des Neuen Testaments – oder des Alten Testaments – ein ‹Stemma› zu erstellen.[68] Die Handausgaben des griechischen Neuen Testaments sind daher naturgemäß immer nur vorläufige Annäherungen, die in dem Bewußtsein benutzt werden sollten, daß zwar der Inhalt gesichert überliefert ist, die Feinheiten der Textgestalt aber an zahlreichen Stellen nicht als endgültig gelten können: Schon morgen dürften neue, verbesserte Kriterien dazu führen, daß einige der Varianten, die sich heute noch am Fuß der Seite im ‹Apparat› befinden, im Haupttext stehen werden. Hier ist die Bescheidenheit der Forscher gefordert. Wer heute behauptet, er habe den Urtext des Neuen Testaments mehr oder weniger wieder hergestellt (und damit nicht die literarische Gestalt und den Inhalt, sondern den Wortlaut in allen Einzelfällen meint), der macht sich einer unwissenschaftlichen Anmaßung schuldig. Und damit ist auch den Gläubigen nicht gedient, denn der Glaube an einen identischen Wortlaut in jeder Silbe, jedem Konsonanten oder Vokal wird selbst von denen nicht gefordert, die an der Inspiration der Heiligen Schrift festhalten. Gläubige Juden wie Philo von Alexandria und gläubige Chri-

---

[68] Auch die nichtbiblische antike Literatur ist aufgrund der Komplexität der philologischen Arbeit noch immer nicht vollständig so ediert, wie man sich das wünschen würde. Ein jüngeres Musterbeispiel, mit nachahmenswerter methodischer Einleitung: U. Victor (Hrsg.), Lukian von Samosata, Alexandros oder der Lügenprophet, Leiden: Brill 1997.

sten wie Origenes von Caesarea haben uns das gezeigt. Und was für den griechischen Text des Neuen Testaments gilt, das trifft auch auf den griechischen Text des Alten Testaments zu. Hier kann man nicht wie beim hebräischen Alten Testament den gordischen Knoten einfach durchschlagen (um im antiken Bild zu bleiben), indem man *eine* einzige Handschrift zugrunde legt – den St. Petersburger Kodex – und zu ihm die Varianten notiert. Dennoch gilt: Es gibt keinen literarischen Text der Antike, der so früh, so gut, so zuverlässig und so zahlreich überliefert ist wie die Schriften des griechischen Alten und Neuen Testaments.

Die ältesten erhaltenen Handschriften des griechischen Alten Testaments, der ‹Septuaginta›, erzählen ihre eigene, spannende Geschichte. Die große Zahl der Septuaginta-Handschriften hat viel damit zu tun, daß sich die Jesus-Anhänger für den griechischen Text entschieden: Die ersten Christen, die bekanntlich Juden waren, schrieben ihre eigenen Schriften in griechischer Sprache und benutzten daher für ihre Zitate aus der gemeinsamen jüdischen Bibel nicht den hebräischen Text, sondern den griechischen. Das war zugleich strategisch sinnvoll, denn außerhalb des Judentums wurde der ‹Tanach› wenn überhaupt auf griechisch gelesen. So war die Entscheidung der ersten Christen für die griechische Sprache auch eine Brücke in die nichtjüdische Welt, die sehr früh von der Jesus-Botschaft erreicht werden sollte. Das wiederum führte schnell dazu, daß christliche Schreiber den griechischen ‹Septuaginta›-Text abschrieben und dabei auch ihre eigenen Schreibgewohnheiten mitbrachten. Mit anderen Worten: Für den Text der griechisch-jüdischen Bibel sind zuerst und vor allem alle Handschriften interessant, die zweifelsfrei aus vorchristlicher Zeit stammen und von solchen Entwicklungen unbeeinflußt waren. Das trifft sicher auf die griechischen Leder- und Papyrusfragmente aus der Qumran-Höhle 4 zu, für die es zuerst ein archäologisches und dann ein handschriftliches Datum gibt: Alle Qumranfunde müssen älter sein als 68 n. Chr., das Jahr, in dem das Gebiet von seinen Bewohnern verlassen und von der 10. römischen Legion ‹Fretensis› erobert wurde. Und die griechischen Handschriften aus Höhle 4 können aufgrund ihres charakteristischen Schrifttyps in das erste vorchristliche Jahrhundert, spätestens in das frühe erste nachchristliche Jahrhundert datiert werden.

Sechs griechische Texte wurden in Höhle 4 entdeckt. Zwei sind nichtbiblisch – eine unidentifizierte Schrift und eine Paraphrase von 2. Mose/Exodus; vier sind biblisch, mit Teilen aus 3. Mose/Leviticus, 4. Mose/Numeri und 5. Mose/Deuteronomium. Daneben stehen die Funde aus Höhle 7, die ein Sonderfall ist: Während in Höhle 4 die sechs griechischen Texte, von denen vier auf Leder und zwei auf Papyrus bewahrt sind, neben über 800 hebräischen und aramäischen stehen, wurden dort ausschließlich griechische Texte auf Papyrus gefunden. Zwei von ihnen dürften mit Sicherheit jüdisch-christlich sein (7Q5 = Markus 6,52–53; 7Q4 = 1. Timotheus 3,16 – 4,3), zwei andere sind vorchristlich: 7Q1 = 2. Mose/Exodus 28,4–7 und, nicht Teil der hebräischen, aber der griechischen Bibel, 7Q2 = Brief des Jeremia/Baruch 6,43–44.[69] Da die Höhle allem Anschein nach eine geschlossene Sammlung mit Texten war, die

[69] Zum Stand der Untersuchung von Höhle 7 vgl. u.a. C.P. Thiede, ‹Papyrologische Anfragen an 7Q5 im Umfeld antiker Handschriften›, in B. Mayer (Hrsg), Christen und Christliches in Qumran, Regensburg: F. Pustet 1992, 57–72, ; E. Ruckstuhl, Zur Frage einer Essenergemeinde in Jerusalem und zum Fundort von 7Q5, in B. Mayer (Hrsg.), Christen und Christliches in Qumran, 131–137; O. Betz/ R. Riesner, Jesus, Qumran und der Vatikan, Gießen: Brunnen/ Freiburg: Herder ^{6}1996, 139–150; C.P. Thiede/ M. d'Ancona, Der Jesus-Papyrus, München: Luchterhand Literaturverlag 1996, 52–76. In jüngster Zeit sind von G.-W. Nebe und E. Puech Versuche unternommen worden, gegen die Meinung anderer Experten der griechischen Papyrologie die christliche Identifizierung von 7Q4 und 7Q5 sowie den jüdisch-christlichen Charakter der Höhle 7 in Frage zu stellen. Zur Debatte vgl., mit weiterführender Literatur M. Wise/M. Abegg, Jr./E. Cook, Die Schriftrollen von Qumran. Übersetzung und Kommentar. Hrsg. v. A. Läpple, Augsburg: Pattloch 1997, 507–513; C.P. Thiede, Jésus selon Matthieu, Paris: F.-X. de Guibert 1996, 101–118; zusammenfassend jetzt: J.M. Vernet, ‹Si riafferma il papiro 7Q5 come Mc 6,52–53?›, Rivista Biblica 46 (1998), 43–60.

von jüdischen Jesus-Nachfolgern zusammengestellt und als Studienbibliothek nach Qumran geholt wurde, könnte man vermuten, daß die beiden alttestamentlichen Texte ebenfalls von Juden-Christen abgeschrieben wurden. Die Analyse der Handschriftenart datiert jedoch die jüdisch-christlichen Papyri zwischen 50 und 68 n. Chr., die anderen dagegen in die Mitte des ersten vorchristlichen Jahrhunderts, kaum älter als die griechischen Fragmente in Höhle 4. Offenbar handelt es sich hier um Schriften, die von den ersten (Juden-)Christen als Teil ihrer eigenen Schriftstudien benutzt wurden und dadurch ein Teil ihrer später nach Qumran gelangten Arbeits-Textsammlung waren.

In unserem Zusammenhang der alttestamentlichen Textgeschichte ist vor allem das Fragment aus 2. Mose/Exodus interessant, da es ein Tora-Fragment ist (während der Brief des Jeremia nicht zum alten Kern der heiligen Schriften gehörte). 7Q1 bietet einen griechischen Text, der sich fast in jeder Zeile vom Text der ‹Septuaginta› entfernt, aber auch nicht völlig mit einer bekannten hebräischen Vorlage identifiziert werden kann. Es könnte sich um eine freie, fast paraphrasierende Wiedergabe handeln, so wie etwa die deutsche Bibelübersetzung der ‹Hoffnung für alle› gemessen an der Elberfelder Übersetzung eher wie eine freie Variation als wie eine wortgetreue Übersetzung wirkt. Erwähnenswert ist das hier einerseits, weil es die Freiheiten griechischer Bibelübersetzungen auch in vorchristlicher Zeit belegt, und andererseits, weil es einmal mehr auf ein Verhalten auch und gerade unter gläubigen Juden hinweist, das nichts mit dem Bedürfnis nach einem wortwörtlich bewahrten oder zu bewahrenden Textbestand zu tun hat.

Wir können zur Sicherheit noch weiter zurückgehen. Zwei griechische Bibel-Handschriften streiten sich um das Privileg, die älteste heute erhaltene zu sein: Zuerst der Papyrus Greek 458 aus dem ägytischen Fayyûm, jetzt in der John Rylands University Library Manchester, datiert auf die erste Hälfte des zweiten vorchristlichen Jahrhunderts. Und dann der wohl nur geringfügig jüngere Papyrus Fouad 266, heute im Ägyptischen Museum Kairo.

Der griechische Papyrus in Manchester liegt nur eine Katalognummer hinter dem ältesten Papyrus des Johannesevangeliums, dem P. John Rylands Greek 457 (P52) vom Anfang des 1. Jahrhunderts n. Chr. Ehe die Qumran-Entdeckungen gemacht wurden und nicht nur die griechischen Septuaginta-Fragmente der Höhle 4, sondern auch die Papyri der Höhle 7 mit dem ältesten Fragment des Markusevangeliums 7Q5 ans Tageslicht kamen, besaß diese englische Bibliothek also die beiden ältesten Handschriften des griechischen Alten und Neuen Testaments. Die Septuaginta-Handschrift wurde auf abenteuerliche Weise gerettet: Sie war als Kartonage für eine Mumie verwendet worden. In Manchester konnten insgesamt neun Fragmente herausgelöst werden, von denen sieben noch gut lesbare Textreste aus den Kapiteln 23 bis 28 des 5. Mose/Deuteronomium enthalten. (Zwei weitere Fragmente sind zu klein, um sinnvoll entziffert zu werden.)[70] Wie sie in die Mumienkartonage kamen, ist unklar: Zwar gab es zu dieser Zeit in Fayyûm, dem vermutlichen Herkunftsort, zwei Synagogen. Doch jüdische Tradition schließt in der Regel aus, daß Texte, die nicht mehr benutzt werden, weggeworfen oder zu anderen Zwecken benutzt werden können – dafür gab es in den Synagogen eigens einen Aufbewahrungsort, die sogenannte *Geniza* (hebräisch für ‹Verschließung›). Nach einiger Zeit wurden Geniza-Handschriften schließlich feierlich in einer eigenen ‹Grabstelle› begraben. Sollte also die Benutzung einer Tora-Handschrift für eine Mumien-Kartonage aus einer Zeit und Gegend stammen, wo diese Tradition noch nicht oder nicht mehr allgemein verbindlich war, oder ist sie das Zeugnis einer etwaigen Verfolgung der jüdischen Gemeinde, in deren Verlauf man die Handschriften requi-

---

[70] Abbildung in E. Würthwein, Der Text des Alten Testaments, Stuttgart: Deutsche Bibelgesellschaft [5]1988, 191.

rierte?[71] Wie auch immer: Die Stücke aus der Mumienkartonage, höchstens einhundert Jahre von der Entstehung der Originalschrift entfernt, bieten eine Besonderheit:

Die Schrift der griechisch-römischen Antike ist in der Regel eine unterbrechungslos fortlaufende Schrift, lateinisch ‹scriptio continua› genannt. Ausnahmen sind selten, beispielsweise durch Kennzeichnungen – sogenannte ‹diakritische Zeichen›, die (als Vorläufer unserer Satzzeichen) sehr selten eingesetzt werden, um beispielsweise in Theaterstücken den Rednerwechsel anzuzeigen. In Prosatexten sind häufiger Lükken im Text anzutreffen, sogenannte ‹Spatien›, mit denen Abschnitte gekennzeichnet werden. Am Zeilenbeginn finden sich dazu meist Längsstriche unter den ersten Buchstaben. Die dafür übliche griechisch-lateinische Bezeichnung ‹*paragraphus*› hat dann in Verbindung mit der Lücke zu unserem ‹Paragraph› als Begriff für getrennte Abschnitte eines Schriftstücks geführt. Solche Lesehilfen werden allerdings normalerweise sehr sparsam eingesetzt. In der Septuaginta-Handschrift von Manchester kommen sie jedoch ausgesprochen häufig vor. Sie trennen nicht nur längere Erzähleinheiten voneinander, sondern auch einzelne Sätze und Wortgruppen. Was auch immer der Grund dafür gewesen sein mag – die einfachste Erklärung ist eine ungewöhnliche Leser- und Vorleserfreundlichkeit. Diese Eigenart ist aus zwei Gründen bemerkenswert. Zum einen erinnert sie uns überdeutlich daran, daß der ‹Bibel-

[71] Für eine Verfolgung gibt es keine Anhaltspunkte. Die rabbinische Lehre der Unversehrbarkeit jeder Rolle der Heiligen Schrift auch nach dem Ende ihres Gebrauchs in der Synagoge und das Gebot, sie vor jeder Profanisierung des in ihnen enthaltenen Namens Gottes zu schützen, dürfte erst in den Jahrhunderten nach der Zerstörung des Tempels 70 n.Chr. entstanden sein. Die berühmteste Geniza ist jene in der Ben-Esra-Synagoge von Alt-Kairo, die vor gut einhundert Jahren eher zufällig zugemauert entdeckt wurde (Israel feierte 1997 den hundertsten Jahrestag dieser Entdeckung zeitgleich mit dem 50. Jahrestag der Entdeckung der Schriftrollen von Qumran). Dort fand man Fragmente von Bibel-Handschriften, die bis ins 6. Jahrhundert zurückgingen, daneben auch ein Exemplar der essenischen ‹Damaskus-Schrift›, die dann auch in Qumran entdeckt wurde.

code› von Michael Drosnin nur dann funktioniert, wenn alle Abstände, Lücken und diakritischen Zeichen im computererfaßten Text entfernt werden, das Textbild solcher ältester Handschriften also, zugespitzt, ignoriert oder sogar verfälscht wird. Und zum anderen tritt sie auch in Septuaginta-Handschriften auf, die unter den Schriftrollen vom Toten Meer gefunden wurden: nicht ganz so häufig, aber doch häufiger als in der sonstigen griechischen Literatur. Das führt uns natürlich zum Vergleich mit den ältesten *hebräischen* Handschriften. Das Ergebnis des Vergleichs ist eine verblüffende Übereinstimmung. Allem Anschein nach haben die jüdischen (Ab-) Schreiber der griechischen Texte diesen Brauch von ihren hebräischen Vorlagen übernommen: denn auch die hebräischen Bibelhandschriften aus Qumran und der oben erwähnte hebräische ‹Papyrus Nash› aus Ägypten lieben es, Worte und Sätze, nicht nur Absätze und ‹Paragraphen›, durch kleinere oder längere Lücken zu kennzeichnen.

Mit anderen Worten: Es gab allem Anschein nach eine jüdische Schreibergewohnheit, die auf hebräische und griechische Handschriften gleichermaßen zutraf und sich von der sonstigen griechischen Literaturüberlieferung der gleichen Zeit unterschied. Die besondere Stellung dieser Schriften als vorzulesende, vorzusingende Texte und Textteile im Gottesdienst des Tempels, der Synagogen und der Gemeinschaft von Qumran mag dabei eine Rolle gespielt haben. Jedenfalls ist dieses Ergebnis an sich schon für die Textgeschichte der Bibel und ihrer jüdischen Schreibertraditionen bemerkenswert; es könnte sogar hilfreich werden bei der Zuordnung unbekannter, unidentifizierter Handschriften zur jüdischen oder nichtjüdischen Tradition. Um so schwerer wiegt dann aber auch das Urteil, daß ein ‹Bibelcode›, der all solche Kennzeichnungsmaßnahmen nivelliert oder kurzerhand streicht, eine Verfälschung darstellt.

Die zweite vorchristliche Handschrift des griechischen Alten Testaments außerhalb der Qumranfunde, der Papyrus

Fouad 266, enthält auf drei Fragmenten Teile von 1. Mose/Genesis und 5. Mose/Deuteronomium. Was diesen Papyrus vor allem interessant macht, ist seine Handhabung des heiligen, unaussprechlichen Gottesnamens. Als ‹Tetragrammaton›, d.h. als das ‹Vierbuchstabenwort›, haben hebräische Handschriften es gewöhnlich in der Form JHWH. Wir wissen heute nicht mehr, wie es vokalisiert worden wäre, wenn man es hätte aussprechen dürfen – meist wird es als ‹Adonai›, ‹Herr›, gelesen, wofür sich die griechische Entsprechung ‹kyrios› = ‹Herr› findet. Die lange vor allem in christlichen Kreisen gebräuchliche Aussprache ‹Jehowah› ist eine spekulative Erschließung, die heute nur noch von den Zeugen Jehovas benutzt wird. Eine in Qumran gefundene griechische Handschrift von 3. Mose/Levitikus vom Ende des 1. vorchristlichen Jahrhunderts, pap4QLXXLev^{b}, setzt statt der Buchstaben JHWH oder der griechischen Entsprechung ‹*adonai*› = Herr bzw. ‹*theos*› = Gott die drei Vokale i - a - o (*iota*, *alpha*, *omega*).[72] Das klingt wie «Iahoh» und könnte immerhin ein Hinweis darauf sein, daß die heute für wahrscheinlich gehaltene Aussprache des Gottesnamens, ‹Jahwe›, den griechischsprachigen Juden des ersten Jahrhunderts v. Chr. nahelag. Allerdings ist in der Qumran-Handschrift auch i-a-o nicht als Ausspracheregelung, sondern als eine Form der Abkürzung gemeint. Damals wie heute empfiehlt es sich nicht – auch nicht für Christen, wenn sie mit gläubigen Juden zusammen sind – , den *Faux pas* zu begehen, den Gottesnamen direkt aussprechen zu wollen. Der Papyrus Fouad 266 entscheidet sich nun anders als der Qumran-Papyrus: Statt griechischer Vokale oder der Umschreibung durch ein anderes griechisches Wort hat er mitten im griechischen Text die vier hebräischen Buchstaben in alter Quadratschrift, säuberlich abgehoben durch Freiräume zu beiden Seiten. Die Buchstaben sind – möglicherweise von einem anderen Schrei-

[72] Fragment 20, Zeile 4 (3. Mose/Levitikus 4,27).

ber – sehr klein und sorgfältig eingefügt: Es ist alles getan, um sie vom umgebenden griechischen Text schon auf den ersten Blick abzuheben.

Eine solche Eigenart, die es wohl auch in vielen anderen, heute verlorenen Handschriften gegeben haben dürfte, mag ursprünglich gewesen sein – als direkter Bezug auf die hebräische Vorlage in ihrem heiligsten Element – oder auch jüngeren Datums – als konservative Rückbesinnung auf die Unersetzbarkeit und Unübersetzbarkeit des Gottesnamens durch ‹*kyrios*› o.ä. In gewisser Weise ist sie jedenfalls ein tatsächlicher, ernsthafter ‹Code›. Nur der eingeweihte Leser kann wissen, was hier gesagt wird. Erinnern wir uns: Die griechischen Übersetzungen des Alten Testaments wurden angefertigt, weil die Juden vor allem außerhalb Palästinas kaum noch Hebräisch beherrschten, und zur Zeit der Entstehung des Papyrus Fouad 266 oder des pap4QLXXLev^{b} weniger denn je. Wer einen solchen Text richtig verstehen wollte, mußte also eingeweiht sein, mußte die hebräischen Quadratschrift-Buchstaben JHWH oder die Vokale i-a-o mitten in einem griechischen Text decodieren können, weil jemand den Schlüssel geliefert hatte – ein Lehrer beispielsweise oder die Gemeinde. Es sind solche handschriftlichen ‹Codes›, die in der jüdischen und jüdisch-christlichen Textüberlieferung eine Beziehung unter den eingeweihten Lesern stiften und die den Text als etwas Besonderes, Heiliges begreifen lassen. Judenchristliche Schreiber entwickelten wohl schon vor 70 n. Chr. das Verfahren weiter, indem sie eine Reihe von ‹heiligen Namen›, angefangen mit den griechischen Wörtern für ‹Gott›, ‹Jesus›, ‹Christus›, ‹Geist›, ‹Herr› (wenn Gott oder Jesus gemeint waren), ‹Sohn› (wenn Jesus gemeint war) durch den ersten und letzten Buchstaben abkürzten und über die Kurzform einen horizontalen Strich setzten. Schließlich waren es fünfzehn Begriffe, die so gekennzeichnet wurden. Dieser ‹Code› wurde für christliche Handschriften so typisch, daß sie bereits anhand dieses Merkmals sofort als christlich zu erkennen sind.[73]

Anders und wieder zugespitzt gesagt: Der eigentliche Bibelcode ist kein über die Jahrtausende unzugänglich gewesenes ‹Computerprogramm›, sondern die Verschlüsselung des Heiligen. Nicht, um es unzugänglich zu machen – der Schlüssel war lehrbar und wurde gelehrt –, sondern um es in seiner Heiligkeit vor der Profanierung durch den Alltagsgebrauch zu schützen. Die Schreiber der ältesten Handschriften vermitteln uns etwas von der Ehr-Furcht vor dem Heiligen, das sie mit ihrer schreibenden Hand weitergaben.

[73] Gelegentlich wurde ein dritter, mittlerer Buchstabe hinzugenommen. Diese Kurzform des ‹heiligen Namens›, lateinisch ‹nomen sacrum› bzw. im Plural ‹nomina sacra› genannt, wurde in allen Deklinationsformen des jeweiligen Worts durchgeführt. Vgl. ausführlich C.P. Thiede/ M. d'Ancona, Der Jesus-Papyrus, München: Luchterhand 1996/ Reinbek: Rowohlt 1997, 203–216, mit weiterführender Literatur. Auch andere ‹Zeichen› kommen in frühen christlichen Handschriften vor, namentlich das aus den ineinandergestellten Anfangsbuchstaben X und P des griechischen Wortes ‹Christos› (ΧΡΙΣΤΟΣ) gebildete Christus-Monogramm, oder das Staurogramm, als aus einem Kreuz gebildete Chiffre für das griechische Wort ‹*staurós*› (Kreuz). Vgl., mit Papyrusabbildungen, B.M. Metzger, Manuscripts of the Greek Bible, Oxford/New York: Oxford University Press 1981, 84–85, 118–119.

KAPITEL 3

Zahlen, die zählen: Codes für Eingeweihte

Jeder Text bedarf der Interpretation. Das klingt übertrieben. Doch selbst eine schlichte Einkaufsquittung erklärt sich nicht von allein, und auch etwas so Einfaches wie das heutige Datum ist nicht für jeden, der es liest, eindeutig. Am Pfingstwochenende 1998 erschien die internationale Ausgabe der ‹Jerusalem Post›, No. 1960, mit dem Datum «May 30, 1998». Das war relativ deutlich, ließ aber schon eine Tücke erkennen: Im amerikanischen Englisch wird der Monat vor den Tag gestellt. In Zahlen ist also ‹May 30› = 5/30. Jeder Tag zwischen 1 und 12 verwirrt daher bereits alle Leser, die nicht amerikanisch denken: ‹5/12/1998› beispielsweise, ist das nun der 5. Dezember (englisches, europäisches Denken) oder der 12. Mai (amerikanisch)? Ein Code, zweifellos, der nur für Eingeweihte verständlich ist – das heißt für alle, denen man die unterschiedlichen Verfahrensweisen erläutert hat und die dann wissen, welche Dechiffrierung auf welche Angabe welcher Herkunft anzuwenden ist.

Und damit nicht genug – man muß im (ehemals) christlichen Abendland leben oder von diesem kulturell (mit)geprägt sein, um das Kalendersystem überhaupt zu verstehen. Da das keine selbstverständliche Voraussetzung ist, hat die internationale Ausgabe der ‹Jerusalem Post› hinter der christlich begründeten Datierung regelmäßig noch die jüdische, hier also: Sivan 5, 5758. Das heißt: der 30. Mai 1998 entsprach im jüdischen Kalender dem 5. Sivan des Jahres 5758. Ein christlicher Zeitungsleser, der nur dieses Datum vorfände, wäre ratlos. Ratlos wäre aber auch ein Muslim. Und so bot die ‹Jerusalem Post›, die in einem Land erscheint, in dem die drei monotheistischen Religionen mehr schlecht als recht nebeneinander leben, zu

Pfingsten (bzw. zum jüdischen Shavuot) wie stets auch noch das muslimische Datum: 28 Moharram 1419. Mit der ‹Decodierung› dieses Datums – warum, woher und mit welcher Bedeutung 28, warum, woher und mit welcher Bedeutung Moharram, warum, woher und mit welcher Bedeutung 1419? – dürften die meisten Christen und Juden ziemlich überfordert sein; es sei denn, man hat sie in den Code eingeführt, oder, anders gesagt: es sei denn, man hat es ihnen erklärt, hat sie ‹initiiert›, zu Besitzern des Schlüssels gemacht.

Solche ‹Codierungen›, die es natürlich auch schon in der Antike gab,[74] sind leicht erkennbar, wenn auch nicht immer leicht verständlich. Anders sieht es aus, wenn eine im Text enthaltene Information auf bestimmte Leser so wirkt, als sei dahinter eine verschlüsselte, symbolische oder anderswie indirekte Botschaft versteckt. Besonders beliebt sind hier Zahlenangaben. Es wäre zu einfach, meinen manche Bibelleser, wenn eine Zahl nur und schlicht dieses eine wäre: eine Zahl. Besonders verdächtig ist die «40», die wir beispielsweise als Jahresangabe für die Dauer des Auszugs des Volkes Israel aus Ägypten ins Gelobte Land finden oder als Tagesangabe für die Dauer des Fastens Jesu in der Wüste. Jene Bibelleser, die solche Informationen nicht für historisch halten können, verstehen «40» als Symbol, das etwas anderes meint. Wie das dann entschlüsselt werden sollte, ist eine ganz andere Frage. Ein Beispiel der Dechiffrierung, wie es dem Historiker widerstreben muß, den Exegeten jedoch faszinieren mag, bietet der in der Einleitung

---

[74] Ein bekanntes, einfaches Beispiel: «Aber im fünfzehnten Jahr der Regierung des Kaisers Tiberius, als Pontius Pilatus Statthalter von Judäa war und Herodes Vierfürst von Galiläa und sein Bruder Philippus Vierfürst von Ituräa und der Landschaft Trachonitis, und Lysanias Vierfürst von Abilene, unter dem Hohenpriestertum von Hannas und Kaiphas, geschah ...» (Lukas 3,1–2). Nach antikem Maßstab eine geradezu vorbildlich präzise Angabe mit mehreren Koordinaten. Doch der heutige Leser fragt ungeduldig: Wann denn nun? Erst die Übertragung in heutige kalendarische Denk- und Ausdrucksweise ergibt das Jahr 28 n. Chr. (mit einigen Monaten Spielraum nach unten und oben, da ein Jahr der kaiserlichen Regierungszeit nicht mit unserem heutigen Kalenderjahr übereinstimmt).

zu diesem Buch bereits genannte Friedrich Weinreb in seinen Erwägungen zum hebräischen Buchstaben *Mem*:

«Als Zahl ist es die 40. *Mem* bedeutet Wasser oder besser: könnte es bedeuten. Das eigentliche Wort für Wasser ist *majim*. Das ist nicht zufällig, denn der Begriff 40 hat immer mit Wasser zu tun. Auch die Zeit ... wird mit der Zahl 40 gemessen (gelegentlich auch mit 400 oder 4). Denken wir nur an die 40 Jahre in der Wüste, die 40 Tage am Sinai, die 40 Tage der Wanderung des Propheten Elia zum Berg Horeb. Gemeint sind nicht 40 Tage oder Jahre nach dem Kalender; es will vielmehr sagen, daß man in der Zeit gleichsam untergetaucht war, wie man auch im Wasser untertauchen, ja ertrinken kann. Deshalb ist auch die alte Hieroglyphe für *Mem* eine Wellenlinie, aus der unser M geworden ist.»[75]

Das klingt faszinierend, beinhaltet jedoch einen entscheidenden Denkfehler: Selbst wenn wir annehmen, daß *Mem* bzw. 40 tatsächlich einen Code für solche Informationen enthält, ist damit nicht das geringste über den historischen Gehalt der Aussage mitgeteilt. Wäre es anders, hätten künftige Historiker ein großes Problem, wenn sie sich in vielleicht 2000 Jahren die Geschichte der beiden deutschen Staaten ‹Bundesrepublik Deutschland› und ‹DDR› zum Thema wählten. Denn von der Gründung im Jahre 1949 bis zum Fall der Berliner Mauer 1989, dem ‹symbolischen Akt› des Endes der Teilung Deutschlands, vergingen genau 40 Jahre. Nach Weinreb und vielen Bibelforschern, die «40» nicht als historische Größe sehen, wäre demnach Deutschland in diesen 40 Jahren gleichsam «untergetaucht», keinesfalls aber wären 40 Jahre «nach dem Kalender» gemeint. Es ist ein beliebiges Beispiel aus unserer Zeitgeschichte, an dem wir ablesen, daß die Reduzierung bestimmter Angaben auf ihren symbolischen oder verschlüsselten Wert zur Enthistorisierung der Geschichte führt. Die Tatsächlich-

---

[75] F. Weinreb, Zahl, Zeichen, Wort. Das symbolische Universum der Bibelsprache, Reinbek bei Hamburg: Rowohlt 1978, 68.

keit der Dauer des Auszugs aus Ägypten oder der Fastenzeit Jesu kann nicht an der angeblichen Bedeutung des Zahlenwerts gemessen werden, sondern ausschließlich an geschichtswissenschaftlichen Kriterien. Anders gesagt: Die Suche nach Informationen, die sich hinter dem tatsächlichen Wortlaut eines Textes befinden oder befinden könnten, darf nicht zum Ersatz für die nüchterne Arbeit am Text selbst werden.

Der methodische Fehler Friedrich Weinrebs ist dem methodischen Fehler Michael Drosnins verwandt: Das, was im Text steht, gilt weniger als das, was hinter ihm ‹entschlüsselt› wird. Und dennoch gibt es einen Unterschied: Drosnin phantasiert ohne Boden unter den Füßen, während Weinreb der Repräsentant einer Denkschule ist, zu deren vielen Zweigen seit den Sammlungen des Babylonischen und Jerusalemer Talmuds die Lehren unterschiedlichster Rabbis ebenso gehören wie die mittelalterliche Kabbala.[76] Sich darauf einzulassen, öffnet Türen zum Reichtum einer alten Tradition des Lebens mit der Bibel. Aber das kann und darf den Text selbst nie ersetzen.

Wie notwendig es ist, wieder den Text selbst zu lesen, statt nach Codes und Entschlüsselungen zu suchen, zeigen uns zwei andere, ganz gegensätzliche Beispiele aus dem Neuen Testament. Das erste finden wir im Johannesevangelium. Dort wird im letzten Kapitel von der Begegnung des auferstandenen Jesus mit seinen Jüngern am See Genezareth berichtet. «Jesus spricht zu ihnen: Bringt her von den Fischen, die ihr jetzt gefangen habt. Da ging Simon Petrus hinauf und zog das Netz voll großer Fische, hundertdreiundfünfzig, auf das Land; und obwohl es so viele waren, zerriß das Netz nicht» (Johannes 21,10–11). Die ganze Begebenheit vibriert geradezu von Zwischentönen; jede Geste, jedes Zeichen scheint mit tieferer Be-

---

[76] Siehe unten S. 119, 121–122.

deutung beladen, angefangen vom vergeblichen Versuch der Jünger, Fische zu fangen, und dem Erfolg nach dem Hinweis Jesu, das Netz doch auf der rechten Seite auszuwerfen, bis zum Netz, das übervoll ist, aber nicht zerreißt. Kritiker des Neuen Testaments, die ohnehin nicht daran glauben, daß Jesus auferstand und seinen Jüngern am See Genezareth erschien, können gar nicht anders, als jede Aussage dieser Szene wie ein Kryptogramm zu lesen. Und dann eben die Zahl 153, die begierig danach zu verlangen scheint, von allen Seiten beleuchtet und entschlüsselt zu werden.

Ein neuerer Kommentar zum Johannesevangelium benötigt vier Seiten, um sich mit den verschiedenen Interpretationen dieser Zahl zu beschäftigen.[77] Die harmloseste geht auf Hieronymus (ca. 347–420 n. Chr.) zurück, der eine noch ältere Quelle gefunden hatte, den Dichter Oppianus Cilix, der im späten 2. Jahrhundert n. Chr. schrieb und demzufolge es 153 Fischarten gibt. So wäre die Zahl ein Symbol für Vollständigkeit: die christliche Mission erreicht die Menschen aller Völker. Allerdings ist die Zahl 153 bei Oppianus Cilix in seinem Buch über den Fischfang, ‹Halieutica›, nicht zu finden.[78] Schon um einiges subtiler und näher an den Codierungs- und Decodierungsthesen der Zahlen- und Buchstabenmystiker ist ein Zeitgenosse des Hieronymus, der große Kirchenlehrer Augustinus (354–430 n. Chr.). Augustinus hatte ermittelt, daß 153 die Summe der Zahlen 1 bis 17 ist. Siebzehn wiederum ist = 10 + 7; 10 ist die Zahl der Gebote, 7 steht für den siebenfachen Geist Gottes. 153 ist aber auch die Dreieckszahl von 17: Setzt man von oben nach unten, von 1 bis 17, Punkte für jede der siebzehn Zahlen dieser Aneinanderreihung, die addiert 153 er-

---

[77] G.R. Beasley-Murray, John, Waco: Word Books 1987, 401–404; vgl. dazu C.P. Thiede, Ein Fisch für den römischen Kaiser. Juden, Griechen, Römer: Die Welt des Jesus Christus, München: Luchterhand Literaturverlag 1998, 80–81.

[78] Vgl. R.M. Grant, ‹One hundred Fifty-Three Large Fishes›, Harvard Theological Review 42 (1949), 273–275. Grant zählte bei Oppian nach und kam auf 157 Arten.

gibt, dann erhält man ein Dreieck.[79] Das kann natürlich als das Dreieck der Trinität, der Dreifaltigkeit gedeutet werden. Und da «die Endzahl 17 eine unteilbare Primzahl ist, war die auf solche Weise gebildete Gesamtsumme wirklich geeignet, Symbol zu sein für die Vollzahl aller Auserwählten, zu der nichts hinzugefügt und von der nichts weggenommen werden kann.»[80]

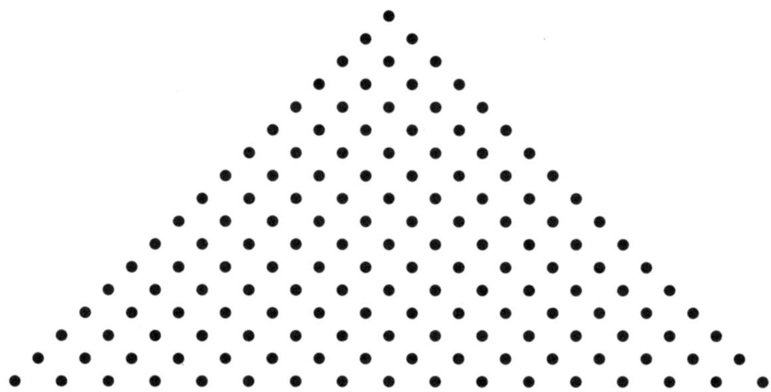

Schon empfindet man eine gewisse Bewunderung für den Evangelisten Johannes, der ohne Taschenrechner und Rechenschieber auf solche Kombinationen kam, als er die Zahl der gefangenen Fische notierte, für Augustinus, der ihm auf die Schliche kam, und für alle modernen Exegeten, die das nachvollziehen können. Aber Augustinus gab sich auch damit noch nicht zufrieden. Die Trinität ergibt sich auch aus der Wiederholung der dreifaltigen Zahl 3: 3 x 50 + 3 = 153. Sein Kollege Cyrill von Alexandria sah das ein wenig anders; für ihn war 153 = 100 + 50 + 3. 100 ist die Zahl der Heiden, 50 die des

[79] So jedenfalls Augustin, Traktat zu Johannes 122,8; vgl. B. Schwank, Evangelium nach Johannes, St. Ottilien: EOS Verlag 1996, 499. Siehe auch das trinitarische Dreiecks-Diagramm bei E.E. Hoskyns, The Fourth Gospel, London: Faber & Faber ²1947, 553.

[80] B. Schwank, wie in Anm. 79.

Restes Israels und 3 die Zahl der Trinität. Einige Jahrhunderte später ließ sich Rupert von Deutz davon nicht beeindrucken: Für ihn bedeutete 100 die Verheirateten, 50 die Verwitweten und 3 die Jungfrauen.

Einig sind sie sich alle nur darin, daß 153 eines nicht bedeutet: 153. Eine neuere Spielart dazu, die Gematrie oder mathematische Zahlensymbolik, hat das Spektrum noch in Richtung von Drosnins Bibelcode erweitert. Hier wird damit operiert, daß jeder hebräische, griechische oder lateinische Buchstabe einen Zahlenwert hat. Hübsche Beispiele aus dem Alltagsleben stammen von Inschriften aus Pompeji, in denen Personennamen hinter ihrem Zahlenwert verborgen werden.[81] Der Gipfel dieser Rechenkunststücke wurde von dem Interpreten Neil J. McEleney erklommen.[82] Er zog nicht nur den einfachen Zahlenwert der Buchstaben heran, sondern den aus der jüdischen Mystik entwickelten Begriff des ‹Atbasch›-Werts. Das Wort ‹Atbasch› ist eine vokalisierte Zusammensetzung aus dem ersten und dem letzten Buchstaben des hebräischen Alphabets, *A*leph und *T*aw, mit dem zweiten und vorletzten Buchstaben, *B*eth und *Sch*in. Gemeint ist damit die Einbeziehung der Gegenseite jedes Begriffs, die Rückwärtslesung sozusagen. So steht dann der Buchstabe Z für A, Y für B, oder auf Zahlen nach unserem 26-Buchstaben-Alphabet übertragen, 26 nicht bzw. nicht mehr nur für 26, sondern (auch) für 1.

Im Hebräischen, Griechischen und Lateinischen haben Buchstaben eigene Zahlenwerte, die nicht immer dem des Platzes entsprechen, an dem sie im Alphabet stehen; wir sahen bereits oben, daß z.B. *Mem*, der 13. Buchstabe des hebräischen Alphabets, den Zahlenwert 40 hat. Im Lateinischen steht bei-

---

[81] A. Deissmann, Licht vom Osten. Das Neue Testament und die neuentdeckten Texte der hellenistisch römischen Welt, Tübingen: J.C.B. Mohr (Paul Siebeck) [4]1923, 237.

[82] N.J. McEleney, ‹153 Great Fishes – Gematriachal Atbash›, Biblica 58 (1977), 411–417.

spielsweise L für 50, X für 10, XL für 40, und so weiter; im Griechischen bedeutet μ (My) wie das entsprechende hebräische *Mem* 40, π (Pi), der sechzehnte Buchstabe, steht für 80. Wenn in einer griechischen Handschrift des Neuen Testaments von den zwölf Jüngern die Rede ist, wird mitunter nicht zwölf = *dohdeka* in griechischen Buchstaben ausgeschrieben, sondern IB, *iota* (= 10) + *beta* (= 2) = 12. Das muß man wissen, um einen Papyrus richtig lesen zu können; ansonsten ist es nicht weiter geheimnisvoll.

Nach der ‹Atbasch›-Lesung muß nun aber für die Interpretation die Deutung des Gegenwerts herangezogen werden, bei Buchstaben ebenso wie bei Zahlen. Für das, was nun kommt, sah McEleney eine Rechtfertigung in der scheinbaren, nur hebräisch funktionierenden ‹Atbasch›-Umkehrung des Ortsnamens Babel in Scheschach (Jeremia 25,26; 51,41). Die griechischen Buchstaben ΙΧΘ (Iota, Chi, Theta) haben nach diesem Verfahren für Neil McEleney einen Zahlenwert von 153. ΙΧΘ sei jedoch die Abkürzung von ΙΧΘΥΣ. Das wiederum heißt griechisch ‹Fisch› – und vom Fischfang ist an unserer Stelle schließlich die Rede. ΙΧΘΥΣ ist aber vor allem auch das Akronym (aus Anfangsbuchstaben zusammengesetztes Wort) für «Jesus» (*Ι*ΗΣΟΥΣ) / «Christus» (*Χ*ΡΙΣΤΟΣ) / «Gottes» (*Θ*ΕΟΥ) / «Sohn» (*Υ*ΙΟΣ) / «Heiland» (*Σ*ΩΤΗΡ). Und damit hätten wir eine Art ‹Super-Drosnin› vor uns: Die Zahl der im See Genezareth von den Jüngern gefangenen Fische stünde für eine im Fischsymbol verschlüsselte Lehraussage über den Messias, Gottessohn und Heiland Jesus. Dazu fällt einem dann nur noch ein mahnender Kommentar des Apostels Paulus ein: «Die unheiligen und altweiberhaften Fabeln aber weise ab» (1. Timotheus 4,7).[83]

Nun kann man den Evangelisten und anderen judenchristlichen Autoren der ersten Generation nicht absprechen, daß sie ein hochentwickeltes Bewußtsein für Sprache hatten und damit auch für Buchstaben, Zahlen und ihre Werte. Ein schönes Beispiel dafür findet sich gleich zu Beginn des Matthäusevangeliums: «So sind nun alle Geschlechter von Abraham bis auf David vierzehn Geschlechter und von David bis zur Wegführung nach Babylon vierzehn Geschlechter und von der Wegführung nach Babylon bis auf den Christus vierzehn Geschlechter» (Matthäus 1,17). Jedem Leser der Frühzeit war klar – schon beim Blick auf die alttestamentlichen Quellen –, daß Matthäus hier im zweiten und dritten Teil einige Generationen überspringt. Das war durchaus legitim: Antike Genealogien beanspruchten nicht, jedes Glied einer Stammbaumabfolge aufzulisten, selbst wenn der Ausdruck «Vater des...» oder «Sohn des...» gebraucht wurde. Schon der erste Vers des Matthäusevangeliums führt uns das plastisch vor: «Buch des Geschlechts Jesu Christi, des Sohnes Davids, des Sohnes Abrahams»: Jeder weiß, daß Jesus nicht im direkt-leiblichen Sinne der Sohn Davids, noch auch David der Sohn Abrahams

---

[83] Gerhard Salomon, ein Virtuose der Zahlendeutung, versucht sogar darzustellen, daß «dem Text in Johannes 21,1–14 selbst in geheimnisvoller Weise der Stempel der Signaturzahl 153 aufgeprägt» sei. Zwar nimmt er das gleich anschließend wieder weitgehend zurück, mit der zutreffenden und auch Autoren wie Drosnin ins Stammbuch zu schreibenden Feststellung, wir dürften «solche Ergebnisse nicht überbewerten, da sich bei der Benutzung mehrerer Handschriften aufgrund der damit verbundenen Variationsmöglichkeiten solche Resultate auch ‹zufällig› erzielen lassen». Doch schon drei Absätze später hat er das wieder vergessen und erklärt: «Die Zahl der 153 Kapitel der ersten 4 Mosebücher deutet auf etwas Abgeschlossenes hin. Tatsächlich findet sich in ihnen auch alles, was Gott Mose zu sagen hatte. Das 5. Buch ist nur eine Wiederholung, was auch seine Bezeichnung in der Fachsprache ‹Deuteronomium› = 2. Gesetz zum Ausdruck bringt, allerdings eine Wiederholung auf höherer Ebene, die ins Land der Verheißung führt.» (G. Salomon, Zahlen der Bibel. Ihre Symbolik, aufschlußreichen Zusammenhänge und mathematischen Hintergründe, Lahr: St. Johannis Druckerei [2]1989, 120–121). 153 Kapitel? Die Zahl stimmt, auch wenn der Kunstgriff, die Tora in 4 + 1 Teile auseinanderzunehmen, um diese Zahl zu erreichen, mißlich ist. Viel schwerer wiegt, daß die heute noch gültige Kapitel- und Verseinteilung der biblischen Bücher überhaupt erst im 13. Jahrhundert eingeführt wurde. Auch wenn die Masoreten bereits ihr komplexes, präzises Gliederungssystem für den hebräischen Text erarbeiteten, kann man nicht davon sprechen, daß der Text der Tora, wie er einem Johannes vorgelegen haben dürfte, eine erkennbare Zahl von 153 Kapiteln für die ersten vier Mose-Bücher bot. Man kann, wir haben es in diesem Buch schon oft genug gesehen, mit Zahlen und Buchstaben fast grenzenlos jonglieren, sofern man weiß, was man finden will. Nur sollte man dabei nicht allzu oft gegen die Wand der Fakten rennen.

war. Kenner des hebräischen Alten Testaments, und das dürften noch fast alle ersten Leser des Matthäusevangeliums gewesen sein, ahnten also, daß diese Verfahrensweise, die hier angewandt wurde, eine andere, tiefere Bedeutung zum Ziel hat. Den Schlüssel lieferte Matthäus gleich mit, indem er dreimal die Zahl 14 und keine andere hervorhob. Denn 14 läßt sich addieren aus dem hebräischen Buchstaben Dalet (Zahlenwert 4), Waw (6) und wieder Dalet (4) = 14. D + W (oder in unserer Schreibung V) + D sind jedoch auch die Konsonanten des Namens D(A)V(I)D. Um die davidische Abstammung Jesu geht es aber in diesem «Buch der Geschlechter» – der erste Vers spricht es an, Vers 17 betont es noch einmal ausdrücklich.

Mit anderen Worten: Wo ein urchristlicher Text die Möglichkeiten der hebräischen oder griechischen Sprache ausschöpft, um tiefere Bedeutungen zu entschlüsseln, teilt er uns das ebenso unübersehbar mit, wie das schon die alttestamentlichen Schriften taten. Der intelligente Leser darf und soll durchaus in den Text eindringen, um ihm sein ‹Geheimnis› zu entnehmen. Entscheidend ist nur, daß dieses ‹Geheimnis› keines ist, das erst moderne Computertechnologie oder mathematische Taschenspielertricks der höheren Art zugänglich machen. Der Schlüssel liegt an Ort und Stelle im Text selbst. Mitunter fällt es uns heute, rund 2000 Jahre später, nicht ganz leicht, ihn richtig zu benutzen – wir werden das gleich noch an dem wohl berühmtesten Beispiel aus der Offenbarung des Johannes sehen. Aber wir erkennen, daß er da ist. An geheimen Codes, deren Verstehbarkeit von den Verfassern oder einer über ihnen stehenden höheren Macht erst künftigen, technisierten Generationen vorbehalten bliebe, haben die biblischen Schriften kein Interesse.

Nach all dem ist nun klar, daß die Zahl der 153 gefangenen Fische mit Mystik, Codes oder irgendwelchen kryptischen Symbolen nichts zu tun hat. Es gibt im Text nicht den geringsten Hinweis darauf, keinen noch so indirekten Fingerzeig. Wer sich darauf beschränkt, Johannes 21,11 ‹entschlüsselt› lesen zu wollen, baut sich ein Haus vom Dach her – es kann keinen Bestand haben. Viel spannender und ergiebiger ist es dagegen, das ernst zu nehmen, was da steht. Die Männer im Boot waren Berufsfischer. Sie waren nicht nur gewohnt, ihren Fang zu zählen – davon lebten sie beim Weiterverkauf. Sie mußten es sogar tun, denn zur Zeit Jesu war am See Genezareth eine Fischfangsteuer zu zahlen, die nach der exakten Zahl der gefangenen Fische berechnet wurde. Zwei gute Gründe, aus denen es den Männern im Boot längst in Fleisch und Blut übergegangen war, mit größter Genauigkeit zu zählen.[84] Es waren 153 Fische, nicht 152 oder 154. Was als bloße Symbolik oder komplizierte Mystik unter-interpretiert wird, stellt sich als eine historische Tatsachennotiz heraus, ein plötzliches Schlaglicht darauf, daß wir es hier mit wirklichen Menschen in einer wirklichen Welt zu tun haben. Erst wenn wir uns das klarmachen, können wir fragen, ob die historische Zahl auch noch andere Bedeutungsebenen trägt. Doch die wären dann bestenfalls sekundär, nicht vom Text beabsichtigt. Man müßte andernfalls schon mit einem Umweg argumentieren, etwa so: Gott hätte die Jünger genau 153 Fische fangen lassen, damit künftige Interpreten einen Anlaß fänden, symbolische Deutungen zu erarbeiten. Und damit sich die Mühe lohnt, hätte der Evangelist Johannes dabei mitgespielt, indem er jeglichen konkreten Hinweis darauf unterließ.

Noch einmal: Wollen die biblischen Schriften, daß ihre Aussagen nach weiterreichenden Informationen befragt werden, geben sie deutliche Fingerzeige. Bücher mit ausdrücklichem Offenbarungscharakter wie das Buch Daniel oder die Offenbarung des Johannes sind klassische Beispiele dafür. Nicht nur Prophetien sind also solche gekennzeichnet, auch tatsächliche

---

[84] Vgl. M. Nun, Ancient Anchorages and Harbours Around the Sea of Galilee, En Gev: Kinnereth Sailing Co. 1988, 24–26; B.Pixner, Wege des Messias und Stätten der Urkirche, Gießen: Brunnen ^{3}1996, 65–66; C.P. Thiede, Ein Fisch für den römischen Kaiser, wie in Anm. 77, 78–84.

Verschlüsselungen kommen mit einer Art Ausrufungszeichen daher. Hier darf sich heutiger Scharfsinn, zum Teil Tausende von Jahren später, zu Recht erproben. Die berühmteste Stelle im Neuen Testament ist Offenbarung 13,18 – die Pointe der Beschreibung des apokalyptischen Tiers: «Wer Verständnis hat, berechne die Zahl des Tieres; denn es ist eines Menschen Zahl; und seine Zahl ist sechshundertsechsundsechzig.» Deutlicher kann die Aufforderung, den Code als Code zu erkennen und die Zahl, Verständnis vorausgesetzt, als den Namen eines Menschen zu entschlüsseln, kaum noch formuliert werden. Unser Abstand zu den Ereignissen, die hier zugrunde liegen, macht die Entschlüsselung gleichwohl nicht leicht:

In einem ersten Schritt muß gesichert werden, was tatsächlich im griechischen Text steht. Wir lesen «*hexakósioi hexäkonta hex*» = 666. Einige Handschriften schreiben die Zahl nicht aus, sondern bieten nur die Buchstaben Chi (= 600), Xi (= 60) und Stigma (= 6).[85] Was aber heißt nun 666? Die definitiv richtige Antwort auf alle Lösungsversuche besitzen allein der Autor und jene, die sich auf ihn selbst berufen können. Alle anderen können nur scharfsinnig spekulieren, da sie nicht wissen, aus wievielen tatsächlichen, vollen Buchstaben der durch Zahlwörter oder Zahlbuchstaben verschlüsselte Name zusammengesetzt ist, der zusammengerechnet «666» ergibt. In der neueren Literatur scheint sich eine Tendenz abzuzeichnen: 666 steht für den Namen des Kaisers Nero. In Bruce Metzgers Kommentar zu den Lesarten des griechischen Textes von Offenbarung 13,18 ist das bereits als so selbstverständlich vor-

[85] Unter den Papyri der P47, vom Ende des 3. Jahrhunderts n.Chr. Eine später aus Versehen oder Absicht vorgenommene Veränderung von Xi zu Iota (= 1), in Worten von «*hexäkonta*» zu «*deka*» ergab «616». Unter den heute erhaltenen Handschriften bietet nur der Codex Ephraemi aus dem 5. Jahrhundert diese Lesart, dazu einige wenige Minuskeln, die verschollen sind. Bereits gegen Ende des 2. Jahrhunderts kommentierte Irenäus von Lyon diesen schon älteren Fehler, den er in der sorglosen Schreibung des Xi begründet sah (‹Gegen die Häretiker› 5,30,1–4).

ausgesetzt, daß nur noch die *hebräische* Entschlüsselung Neros erläutert wird. Als Zugabe referiert Metzger die Vermutung, daß aus 666 später in einigen wenigen Handschriften die Variante 616 gemacht wurde, weil die griechische Namensform *Neron Caesar* in hebräischen Buchstaben der Zahl 666 entspricht, die lateinische Form *Nero Caesar* dagegen in hebräischen Buchstaben die Zahl 616 ergibt.[86] Wie dem auch sei: Charakteristisch für die weitgehende Akzeptanz der Nero(n)-Deutung von «666» ist stellvertretend auch die knappe, gar nicht weiter begründete Feststellung bei Klaus Berger: «Die Deutung der Zahl 666 in Apk 13,18 auf KAISER NERON ist nach den neueren Auslegern die wahrscheinlichste (vgl. die Komm.).»[87]

Aus der Sicht des Literaturhistorikers ist der interessanteste Hinweis auf die mögliche Richtigkeit dieser Neigung anderswo zu finden: im Umgang mit Nero unter seinen Zeitgenossen. Der römische Historiker Sueton (ca. 70 – ca. 150 n. Chr.) zitiert in seiner Nero-Biographie Spottgedichte, die über den Kaiser zu seinen Lebzeiten mündlich und schriftlich verbreitet waren. Neben drei lateinischen nennt er auch ein griechisches:

> *«Neron, Orestes, Alkmeon: Muttermörder.*
> *Eine neue Rechnung: Neron tötete seine eigene Mutter.»*[88]

Das griechische Wort ‹*neópsäphon*›, hier als «neue Rechnung» wiedergegeben, ist eine ungewöhnliche Wortprägung, die uns, wie wir es bei ‹codierter› antiker Literatur nun schon gewohnt

---

[86] B.M. Metzger, A Textual Commentary on the Greek New Testament, Stuttgart: Deutsche Bibelgesellschaft/United Bible Societes ^{2}1994, 676. Hier wäre allerdings erst noch zu begründen, daß lateinisch ‹Caesar› und griechisch ‹Kaisar› (nicht ebenfalls Caesar, wie bei Metzger) auf hebräisch gleichlautend transliteriert wurde. Die Form ‹*qs(a)r*›, die für beides stehen könnte, ist in Qumran belegt.
[87] K. Berger, Theologiegeschichte des Urchristentums, Tübingen/Basel: Francke 1994, 570.
[88] Sueton, Nero, 39,2.

sind, einen Hinweis auf das Vorhandensein eines Codes gibt. Denn der Zahlenwert der griechischen Buchstaben des Namens Neron ist 1005. Und das ist auch der Zahlenwert der drei nachfolgenden Wörter «tötete seine eigene Mutter» (‹idian mätéra apékteine›).[89]

Solche Spottgedichte über Nero kursierten allgemein; ein griechisches war sicher auch für den ‹Export› in den griechischsprachigen Osten des Römischen Reichs bestimmt. So könnte dem Verfasser der Johannes-Offenbarung die Idee, den Kaiser Nero hinter Zahlen zu verschlüsseln, möglicherweise durch eine solche Anregung gekommen sein. Allerdings würde das so einfach auch nicht funktionieren: wenn Nero griechisch 1005 ist, kann es nicht gleichzeitig 666 sein. Nero ergibt nur dann 666, wenn der Name hebräisch geschrieben wird, und auch dann nur in Verbindung mit der Amtsbezeichnung «Kaisar/Caesar». Ist das plausibel? Im Fall der Stammbaum-Entschlüsselung am Anfang des Matthäusevangeliums war der Name «D(a)v(i)d» in einem griechischen Text aus dem hebräischen Buchstabenwert der Zahl 14 zu ermitteln. Doch hier war der ganze Zusammenhang hebräisch – denn es ging ja um die jüdische Stammlinie Jesu. In der griechisch verfaßten Offenbarung fehlt jedoch der Hinweis darauf, daß und warum gerade hier vom griechischen auf das hebräische Buchstaben- und Zahlendenken umgeschaltet werden sollte. Es bleibt also eine gewisse Skepsis. Unter den bedeutenden Neutestamentlern unseres Jahrhunderts war vielleicht Theodor Zahn der leidenschaftlichste Vertreter einer nüchternen, allen Spekulationen abhol-

---

[89] In Sueton-Ausgaben wird immer noch irrtümlich behauptet, daß 1005 der Zahlenwert von «Muttermörder» ist. Der würde jedoch 1228 lauten. Der Clou liegt ja gerade darin, daß in der zweiten Zeile nach dem Schlüsselwort ‹*neópsäphon*› die nachfolgenden Glieder, a) «Nero» und b) «tötete seine eigene Mutter» griechisch je den gleichen Zahlenwert ergeben. Auch die neueste Sueton-Ausgabe informiert falsch (H. Martinet, Hrsg., C. Suetonius Tranquillus, Die Kaiserviten/De Vita Caesarum, Düsseldorf/Zürich: 1997, 1157). Richtig dagegen W. Kierdorf, Hrsg., Sueton, Leben des Claudius und des Nero, Paderborn/München/Wien/Zürich: F. Schöningh 1992, 218, nach F. Buecheler.

den Skepsis; am Ende einer 51 Seiten (!) umfassenden Auseinandersetzung mit der Stelle Offenbarung 13,18 schreibt er: «Nach all dem ist es sehr unerfreulich, daß die Deutung der Zahl 666 auf Neron Kaisar noch immer Vertreter hat, und daß andere Gelehrte an der Deutung nach dem hebr. Alphabet festhalten, aber andere Namen entdeckt zu haben meinen.»[90] Zahn will also gar keinen Namen wissen, denn die Leser der Offenbarung sollen die Bestie der Endzeit, das Tier der Apokalypse, nicht in der Gegenwart herausarbeiten, sondern sollen «wenn der Antichrist, wer weiß wie bald, gekommen ist, an dem Namen, den er sich selbst gibt, erkennen, daß er wirklich der Antichrist ist. Wie aber soll derselbe [d.h. der Antichrist] den Namen Neros, den alle Welt verabscheut, sich aneignen und in einer Sprache, die nur wenige verstehen, dessen Namen und Titel auf den Händen und Stirnen seiner Untertanen anschreiben lassen?»[91]

Nun ist es sicher so, daß die Offenbarung des Johannes auf Nero zurückblickt; das Buch ist zweifellos nicht oder jedenfalls nicht nur eine Vergangenheitsbeschreibung, sondern vor allem eine Zukunftsvision. In einer prophetisch-apokalyptischen Schrift könnte daher weniger der historische Nero gemeint sein, sondern ein ‹Nero redivivus›, ein Träger des Namens, der behauptet, der wiedergekehrte, wiedergeborene oder sonstwie neue Nero zu sein. Solche Menschen hat es bereits kurz nach dem Tod des wirklichen Nero gegeben. Aber es scheint schwierig, dies so kurz nach den letzten Schreckensjahren des Cäsars Nero als Perspektive der Offenbarung anzunehmen. Immer wieder, bis in die jüngste Vergangenheit, hat man daher hinter den Namen anderer Schreckensherrscher das Tier der «666» entschlüsseln wollen – auch Hitler beispielsweise war darun-

[90] Th. Zahn, Die Offenbarung des Johannes, Leipzig/Erlangen: A. Deichertsche Verlagsbuchhandlung, I 1924, II 1926; repr. in einem Band Wuppertal/Zürich: R. Brockhaus 1986, 456–507, hier 506–507.
[91] Th. Zahn, wie in Anm. 90, 506.

ter.[92] Welchen Sinn hat dann aber überhaupt eine Verschlüsselung, wenn jede Generation Möglichkeiten findet, sich eine eigene, neue Entschlüsselung zurechtzulegen, die wenig später als unzutreffend erkannt wird (was auch auf Hitler zutrifft)? Sollte Theodor Zahn recht behalten? Oder gibt es Alternativen, die dem praktischen Nutzen von Codierungen in einem literarischen Werk gerecht werden?

Ein Beispiel: Neuerdings mehren sich die Stimmen von Neutestamentlern, die für die Offenbarung des Johannes ein Datum vor dem Jahr 70 n. Chr. annehmen. John A.T. Robinson dachte an die Zeit zwischen Ende 68 und 70,[93] Klaus Berger an das sogenannte Vierkaiserjahr 68/69.[94] Beide setzen voraus, daß die Offenbarung kurz nach dem Selbstmord Neros am 9. Juni 68 unter dem Eindruck der letzten Schreckensjahre dieses Herrschers und ihrer Auswirkungen entstand. Sollte man

---

[92] Eine originelle Variante bietet der französische Theologe und Philosoph Claude Tresmontant. Unter Berufung auf Hinweise der Judaistin Jacqueline Genot-Bismuth teilt er mit, daß eine der beiden möglichen hebräischen Schreibweisen des Namens Herodes, Hôrôdôs, den dreimal regelmäßig wiederkehrenden Buchstaben ô = *Waw* enthält. *Waw* hat den Zahlenwert 6. Man könnte also H-6-R-6-D-6-S lesen und hätte dreimal 6, nicht als Addition, sondern als Abfolge: 666. (C. Tresmontant, Apocalypse de Jean. Traduction et notes, Paris: O.E.I.L. 1984, 342.) Jeder Träger des Namens Herodes hätte sich als Untier qualifizieren können. Besonders Herodes Agrippa II., der von 50 bis 94 n.Chr. regierte, könnte aus jüdischer Sicht die apokalyptischen Kriterien erfüllen – während seiner Herrschaft fand der katastrophale Aufstand gegen die Römer statt, der in der Zerstörung Jerusalems und des Tempels gipfelte. Wäre die Offenbarung zu seinen Lebzeiten geschrieben, könnte es hier Anknüpfungspunkte geben. Von allen historischen Fragen abgesehen, ist aber bereits die Voraussetzung begründungsbedürftig: Wenn in einem hebräisch gedachten Personennamen drei Buchstaben als Zahlenwert verstanden werden, was geschieht dann mit den anderen? Sollten sie keinen Zahlenwert haben? Wenn sie jedoch den Wert erhalten, den sie im Hebräischen haben, fällt das auf den ersten Blick so ansprechende Bild der drei ‹6› zwischen den Konsonanten auseinander, und wohl kein zeitgenössischer Leser hätte sich eine 666 als Schlüsselmerkmal des Wortes vorgestellt. Offenbarung 13,18 sagt nicht, daß der Name des Tieres 666 *enthält*, sondern daß er 666 *ist*.

[93] J.A.T. Robinson, Redating the New Testament, London: SCM Press 1976, 221–253 (deutsch: Wann entstand das Neue Testament?, Paderborn/Wuppertal: Bonifatius/R. Brockhaus 1986, 232–264).

[94] K. Berger, wie in Anm. 87, 569–571.

hier nicht konsequent sein und einen Schritt weitergehen? Die Christenverfolgung, die Nero im Anschluß an den Brand Roms (18./19. Juli 64) auslöste, hat ihre Opfer gefordert – und Nero lebt noch. Gerade so könnte sich die Verschlüsselung seines Namens als sinnvoll erweisen: Unter der Wirkung dieser ersten weitreichenden Katastrophe des frühen Christentums konnte der noch herrschende Nero zum apokalyptischen Tier werden, das nicht beim Namen genannt wird, um es nicht zusätzlich zu reizen. Die Offenbarung wäre dann ein Buch der Warnung und Mahnung. Einen ‹Nero redivivus› braucht es dazu gar nicht, da der wirkliche Nero die leibhaftige, existentielle Bedrohung darstellt. Der Brand Roms, der die «Hure Babylon» (= Rom, ebenfalls – sicherheitshalber? – nicht beim eigenen Namen genannt) im Herzen traf, und die Leiden der Verfolgung wären in der Person Neros zusammengefaßt. Zwar ist es, als die Offenbarung entsteht, allem Anschein nach ruhig – die hohe Zeit der tödlichen Verfolung liegt ein, zwei Jahre zurück –, aber Nero, der Mörder und Zerstörer, ist nach wie vor an der Macht. Sieht man es so, dann wäre die Offenbarung in die Phase nach dem Höhepunkt der neronischen Christenverfolgung, aber noch zu seinen Lebzeiten zu datieren: vielleicht nach Ende 65, jedenfalls vor seinem Tod im Juni 68.

Wie auch immer die Suche nach der richtigen Antwort ausgehen mag, welche neuen Erkentnisse sich vielleicht schon morgen ergeben mögen: die nun über 1900 Jahre alte Debatte um die Zahl 666 in Offenbarung 13,18 ist ein Lehrbeispiel für die Grenzen unseres Wissens. Man könnte noch hinzufügen: Auch hier zeigt sich, daß Codes und Decodierungsversuche selbst da, wo sie vom Text selbst offensichtlich angeregt werden, keine Glaubensfrage sind. Die Zukunftsvisionen der Offenbarung des Johannes hätten selbst dann bis zur tatsächlichen Endzeit Bestand, wenn eines Tages «666» zweifelsfrei als Zahlencode für den historischen Nero feststehen sollte; sie hätten es ebenso, wenn das wahre apokalyptische Tier sich erst zu einem noch völlig unbekannten Zeitpunkt offenbaren sollte. Alle biblischen Bücher, der hebräische *Tanach* ebenso wie das griechische Neue Testament, sind Schriften mit einem historischen Ort, in einem historischen Rahmen, und wollen doch darüber hinaus auch zeitlos gültig sein. Wäre es anders, würden Juden nicht noch heute ihre Geschichtsbücher neben der Tora in ihren Alltag hineinnehmen, würden Christen nicht heute noch mit den Perikopen der Apostelgeschichte leben. Codes, verschlüsselte Informationen, dürfen daher nie zum Selbstzweck werden: Sie sind es nicht in den Texten selbst; um so weniger sollten sie es für heutige Ausleger sein. Die biblischen Schriften als gigantischen Computercode darzustellen, ist eine ungeheure Verfälschung, eine gefährliche Irreführung heutiger Leser. Die ausgewählten Beispiele dieses Kapitels haben das gezeigt.

KAPITEL 4

Der Gottesschlüssel: Verborgene Wege und Lehren?

Die Suche nach Esthers Gott

Die Masoreten, denen wir den heutigen Standardtext des hebräischen Alten Testaments verdanken, entwickelten ein System des Schreibens und Abschreibens, das noch heute für die handschriftlich angefertigten Tora-Rollen verbindlich ist. Regeln und Regelmäßigkeit, bis hin zur Länge der Spalten und Zahl der Buchstaben pro Zeile, der Art der Tinte und der Herkunft des Schreibers: das schuf und schafft Identität, auch heute noch beim Vorzeigen der Torarolle im Gottesdienst der Synagoge, und dann beim Vorlesen aus einer Handschrift, deren seit der masoretischen Epoche tradierte Authentizität über jeden Zweifel erhaben ist. Hier, im Gottesdienst, darf kein Platz sein für Textkritik, Lesarten, Varianten, Fußnoten. Der Text lebt, gerade weil er scheinbar leblos schematisch gefestigt ist. Und wie er lebt, läßt sich erleben:

Jedes Jahr wird am Vorabend des Purim-Fests in den Synagogen die vollständige hebräische Esther-Rolle vorgetragen. Genauer: sie wird gesungen, von einem ausgebildeten Mitglied der Gemeinde, nach einer für jede Silbe des ganzen Buches festgelegten Melodie. Ein ernster Text, der vom Überleben der Juden in Persien erzählt, vom Triumph im Angesicht des sicher scheinenden Untergangs. Esther, die jüdische Gattin des Königs Ahasver, bewirkt bei ihrem Ehemann die rettenden Maßnahmen. Doch nicht sie steht im Mittelpunkt der Lesung: die gespannte Aufmerksamkeit vor allem der jüngeren Teilnehmer am ‹Erev Purim›-Gottesdienst gilt dem Feind, dem Wesir Haman. Jedesmal, wenn sein Name erscheint, bricht ein ohrenbetäubender Lärm aus, Rasseln ertönen, Knallkörper werden losgelassen, Kindertrompeten jaulen fröhlich auf – man muß es einmal erlebt haben, um die ausgelassene Freude zu begreifen, mit der hier der Dämon entdämonisiert wird. Der Name Haman ist ein akustischer Code. 364 Tage lang bleibt er wirkungslos – für christliche Leser des Buches Esther bleibt er es jahrein, jahraus –, doch einmal, zum Purim-Fest, löst er bei allen Juden, die dem hebräischen Text zuhören und ihn verstehen, den sofortigen Reflex aus. Nun könnte man darauf hinweisen, daß es solche Reflexe auch in anderen Religionen gibt – beispielsweise in manchen christlichen Traditionen, wenn sich Gemeindemitglieder bei der liturgischen Nennung des Namens Christi bekreuzigen. Aber der Umgang mit der Esther-Rolle ist anders, rätselhafter und für nichteingeweihte Beobachter geheimnisvoller:

Spätestens seit den Schriftfunden vom Toten Meer hat das Buch Esther eine notorische Berühmtheit erreicht: Keine Erläuterung der Funde läßt sich den Hinweis entgehen, daß Esther der einzige Text des Alten Testaments ist, der in den Höhlen von Qumran nicht entdeckt wurde. Zufall oder Notwendigkeit? Vor allem in bibelfesten christlichen Kreisen fehlt selten der Hinweis, daß Esther das einzige biblische Buch sei, in dem der Name Gottes nicht vorkomme. Da hätten die ultra-frommen Bewohner und Bibliothekare der Siedlung am Toten Meer allen Grund gehabt, es aus ihrem Kanon auszuschließen. Sollten die Juden, die heute noch das Purim-Fest feiern und Esther als einziges Buch der Bibel in einem einzigen Gottesdienst vollständig hören, irgend etwas übersehen haben, oder sollten sie im Gegenteil mehr wissen und einen geheimen Code kennen, der es trotz dieser Auslassung Gottes neben der Tora so deutlich hervorhebt? Wo ist Gott in einem Buch, in dem er nicht ist?

Der erste Schritt zur Beantwortung solcher Fragen ist, wie stets, die Absicherung der tatsächlichen Fakten. Zuerst gilt es, Abschied zu nehmen: Abschied von der Legende, daß Esther als einziges Buch nicht unter den Qumranrollen und Rollenfragmenten gefunden wurde und daß dieses Fehlen eine tiefere Bedeutung haben könnte. Richtig ist, daß Esther (bisher) dort nicht gefunden wurde. Aber auch Nehemia wurde nicht gefunden, ein völlig unverdächtiges Buch, in dem Gott namentlich eine zentrale Funktion innehat. Das Fehlen Nehemias konnte durch einen kleinen Kunstgriff übergangen werden – mit der Annahme nämlich, daß schon zur Zeit der Schriftrollen-Sammlung von Qumran Nehemia und Esra eine einzige Rolle bildeten. Spätestens mit der handschriftlichen Überlieferung der Masoreten ist das sicherlich der Fall; nicht nur fehlen bei ihnen zwischen Esra und Nehemia die normalerweise abschließenden Randbemerkungen, und die typische Auszählung der gesamten Buchstabenzahl mit der Feststellung des Mittelbuchstabens ergibt, daß Esra/Nehemia als ein Buch behandelt und durchgezählt wurde.[95] Andererseits kannte noch der christliche Textkritiker Origenes, der zu Beginn des 3. nachchristlichen Jahrhunderts seine sechsspaltige Ausgabe des Alten Testaments zusammenstellte, die ‹Hexapla›, eine Zweiteilung in Esra und Nehemia; und daß Nehemia auch im hebräischen Text mit einer eigenen Überschrift beginnt, ist unübersehbar. In Qumran wurde jedenfalls auch von Esra (mit oder ohne Nehemia) nur ein einziges Fragment gefunden. Anders gesagt: Dieses eine hätte ebensogut zerfallen

---

95 Die masoretischen *Sopherim* (Schreiber, Schriftgelehrte) zählten die Buchstaben, Wörter und Abschnitte (Verse), um durch deren Festlegung die Kontrolle der Texttreue jeder neuen Abschrift zu erleichtern. Bei der Herstellung des autoritativen Textes konnten die Masoreten dabei leicht auch in die Textgestalt (nicht in die Inhalte) eingreifen, um Regelmäßigkeiten als bleibende Vorgabe herzustellen. An ein solches Verfahren ließen sich später natürlich leicht weitergehende, «geheimnisenthüllende» Deutungen anschließen, etwa die von Eliahu Rips referierte und von Michael Drosnin weidlich ausgeschlachtete Beobachtung des Prager Rabbiners Weismandel, derzufolge sich beim Überspringen von jeweils fünfzig Buchstaben zu Beginn von 1. Mose/Genesis, 2. Mose/Exodus, 4. Mose/Numeri und 5. Mose/Deuteronomium das Wort ‹Tora› ergebe (Drosnin, 19–20, 246). Die Masoreten selbst ermittelten beispielsweise, daß im von ihnen erstellen Text der Buchstabe ‹*Waw*› (Zahlenwert = 6) in 3. Mose/Leviticus 11,42 (*Gimel/Chet/Waw/Nun* = deutsch ‹Bauch›) der mittlere Buchstabe der ganzen Tora ist.

oder zerstört sein können wie das eine von Esther, das tatsächlich nicht gefunden wurde – oder die vielen anderen Fragmente beider Bücher, die es dort einmal gegeben haben dürfte. Und es kommen noch zwei andere Feststellungen hinzu:

Esther ist nicht das einzige Buch, in dem Gott nicht namentlich erscheint – auch das Hohelied Salomos, ‹Shir ha-Shirim›, kommt ohne ihn aus. «Dennoch» wurden von diesem Text immerhin vier Handschriften in Qumran gefunden. Und: Das Buch Esther war in Qumran durchaus bekannt. Die Handschrift ‹Proto-Esther› 4Q550 belegt das. So erübrigen sich auch andere Überlegungen, die zum Fehlen Esthers in Qumran angestellt wurden, etwa jene, daß die Essener das Purim-Fest abgelehnt hätten. Zur Zeit der Essener hatte es sich jedenfalls bereits weitgehend durchgesetzt; das zweite Makkabäer-Buch aus der Mitte des ersten vorchristlichen Jahrhunderts setzte es als etablierte Größe voraus (2. Makkabäer 15,37). Ein Zeitgenosse der ersten Christen, der jüdische Historiker Flavius Josephus (ca. 37 – ca. 98 n. Chr.), zählte Esther dann unter die unveränderbaren heiligen Schriften.[96] Der Babylonische und der Jerusalemer Talmud enthalten einen eigenen Traktat über Esther und den Umgang mit der Esther-Rolle (‹*Megilla*›). Sie alle müssen Gott in diesem Buch gefunden haben, Jahrhunderte später auch noch der oben im 2. Kapitel erwähnte Maimonides, der die Auffassung vertrat, nach dem Kommen des Messias würden nur die fünf Bücher der Tora und das Buch Esther bleiben.[97]

Der Talmud gibt uns Hinweise auf die Gegenwart Gottes in diesem Buch. Von Gottes Handeln an den Menschen seines Volkes heißt es dort: «*Ich verwerfe sie nicht* – in den Tagen der Chaldäer, da ich Daniel, Hananja, Misael und Asarja für sie aufstehen ließ; *ich verabscheue sie nicht* – in den Tagen der Griechen, da ich Schimon, den Bewährten, und den Hasmonäer und

---

[96] Josephus, ‹Gegen Apion›, 1,40 (nach anderen Zählungen I,8).
[97] Vgl. Kapitel 2, S. 42, und Anm. 46.

seine Söhne und Mattathias, den Hohenpriester, für sie aufstehen ließ; *um ein Ende mit ihnen zu machen* – in den Tagen Hamans, da ich Mordechai und Esther für sie aufstehen ließ... denn *ich bin der Herr, ihr Gott*» (Megilla 11a). Die hier kursiv wiedergegebenen Teile sind der Tora entnommen – 3. Mose/Levitikus 26,44–45. Der Talmud-Traktat Megilla 11a sieht also auch das im Buch Esther berichtete Geschehen zweifellos als die Erfüllung der Vorhersage Gottes, daß und wie er für sein Volk in der Geschichte handeln wird. Gott wirkt, auch wenn er – im Text – verborgen ist. Wir können aber noch nähere Spuren entdecken: Mordechai, der Esther, die verwaiste Tochter seines Onkels, als Tochter adoptiert hatte, wird im Talmud ausdrücklich an ihrer Seite genannt. Seine Rolle als Berater Esthers und als Überwinder des judenhassenden Wesirs Haman war wichtig genug, um das Purim-Fest zur Makkabäer-Zeit nach ihm zu benennen (2. Makkabäer 15,37). Im Talmud heißt es an einer anderen Stelle, in einer auch heute noch gern befolgten Vorschrift: «Ein Mensch ist verpflichtet, sich am Purim-Fest zu betrinken, bis er nicht mehr unterscheiden kann zwischen ‹Verflucht sei Haman› und ‹Gelobt sei Mordechai›.» (Megilla 7b).[98] Dieser Mordechai drängt Esther immer wieder, ihren Einfluß beim König geltend zu machen; da er zu diesem Zeitpunkt noch keinen direkten Zugang zum Innersten des Hofes hat, findet der Meinungsaustausch über den Boten Hatach statt, einen königlichen Eunuchen. Der für alles weitere entscheidende Abschnitt steht im 4. Kapitel, 6–14:

«Da ging Hatach hinaus zu Mordechai auf den Platz der Stadt, der vor dem Tor des Königs war. Und Mordechai sagte ihm alles, was ihm begegnet war, auch die Summe des Silbers,

[98] In Megilla 7a wird ausdrücklich festgehalten, daß die Esther-Rolle im Geist Gottes geschrieben wurde. Dieser Traktat enthält zuerst den Hinweis auf eine der (seltenen) Gegenstimmen: Rab Juda wollte ‹im Namen Schmuels› die Esther-Rolle für uninspiriert erklären, daraufhin wird ihm mit Rabbi Schmuel ben Juda selbst geantwortet, der gesagt hatte, daß Esther unter der Inspiration des Heiligen Geistes geschrieben worden war. *(Forts. von Anm. 98 auf S. 95)*

das Haman versprochen hatte in des Königs Schatzkammer darzuwägen, wenn die Juden vertilgt würden, und gab ihm eine Abschrift des Gesetzes, das in Susa angeschlagen war, sie zu vertilgen, damit er's Esther zeige und es ihr sage und ihr gebiete, daß sie zum König hingehe und zu ihm flehe und bei ihm Fürbitte tue für sein Volk. Und als Hatach hineinkam und Esther die Worte Mordechais sagte, sprach Esther zu Hatach und gebot ihm, Mordechai zu sagen: ‹Es wissen alle Großen des Königs und das Volk in den Ländern des Königs, daß jeder, der ungerufen zum König hineingeht in den inneren Hof, Mann oder Weib, nach dem Gesetz sterben muß, es sei denn, der König strecke das goldene Zepter gegen ihn aus, damit er am Leben bleibe. Ich aber bin nun seit dreißig Tagen nicht gerufen worden, zum König hineinzukommen.› Und als Esthers Worte Mordechai gesagt wurden, ließ Mordechai Esther antworten: ‹Denke nicht, daß du dein Leben errettest, weil du im Palast des Königs bist, du allein von allen Juden. Denn wenn du zu dieser Zeit schweigen wirst, so wird eine Hilfe und Errettung von einem anderen Ort her den Juden erstehen, du aber und deines Vaters Haus, ihr werdet umkommen. Und wer weiß, ob du nicht gerade um dieser Zeit willen zur königlichen Würde gekommen bist?›» (Luther-Übersetzung)

Das Schlüsselwort ist der andere Ort, hebräisch *maqôm*, von dem Rettung kommt, wenn der Mensch versagt. Wie im Deutschen der ‹Ort› oder die ‹Stätte›, so kann auch im Hebräischen *maqôm* ein Allerweltswort sein. Doch es ist auch mehr, und dieser andere, höhere Bezug konnte damals wie heute von Lesern des Esther-Buches verstanden werden: *maqôm* ist das Wort, das in 2. Mose/Exodus Gott selbst benutzt, um seinen Ort zu bezeichnen: «Als aber der HERR sah, daß er herzutrat, um zu sehen, da rief ihm Gott mitten aus dem Dornbusch zu und sprach: ‹Mose! Mose!› Er antwortete: ‹Hier bin ich.› Und er sprach: ‹Tritt nicht näher heran! Zieh deine Sandalen von deinen Füßen, denn die Stätte (*maqôm*), auf der du stehst, ist heiliger Boden.›» (2. Mose/Exodus 3,5).

Gerade in der Tora, den fünf Büchern Mose, steht diese Auffassung nicht allein. Von ähnlicher Bedeutung ist 1. Mose/Genesis 28,16–17: «Als nun Jakob von seinem Schlaf aufwachte, sprach er: ‹Fürwahr, der HERR ist an dieser Stätte, und ich wußte es nicht!› Und er fürchtete sich und sprach: ‹Wie heilig ist diese Stätte! Hier ist nichts anderes als Gottes Haus, und hier ist die Pforte des Himmels.›» Schon diese beiden Stellen zeigen: Gottes *maqôm* ist kein einzelner, einziger Ort. Gott ist nicht da, wo ein einmal festgelegter Ort ist, sondern überall dort, wo er sich manifestiert, da ist auch sein Ort; 2. Mose/Exodus 20,24 sagt das ausdrücklich. Gerade die scheinbar so vage Äußerung Mordechais von jenem «anderen Ort» wird dem gerecht: Gott wird zeigen, wo und von wo aus er handelt. In der späteren jüdischen Tradition wurde *«ha maqôm»* schließlich zu einem der Namen Gottes.[99] Noch heute gibt es im jüdischen Leben einen Anlaß, zu dem mit diesem Begriff von Gott gesprochen wird: Bei jeder Beerdigung wird den Hinterbliebenen der hebräische Satz *«Ha Maqôm j'nachem etchem betoch shar avelej zion v jerushalajm»* zugesprochen, «Möge

---

(Forts. Anm. 98): In der Diskussion um den Status der Esther-Rolle wird das Fehlen Gottes moniert, andere vorgeblich unverzichtbare Elemente wie kultische Speiseregeln, das Gesetz der Tora, Gnade und Vergebung werden aufgelistet. Da dies und anderes auch in anderen biblischen Büchern nicht thematisiert wird, sind solche Einwände bestenfalls voreilig und oberflächlich. Siehe dagegen z.B. R. Gordis, ‹Studies in the Esther Narrative›, Journal of Biblical Literature 95 (1976), 43–58; ders., ‹Religion, Wisdom and History in the Book of Esther – A New Solution to an Ancient Crux›, Journal of Biblical Literature 100 (1981), 359–388; A.D. Cohen, ‹Hu ha-Goral: The Religious Significance of Esther›, Judaism 23 (1974), 87–94; G. Maier, Das Buch Esther, Wuppertal/Zürich: R. Brockhaus 1987.

[99] So schon im Talmud. Der Mischna-Traktat *(Pirke) Abot* nennt Gott fast nur bei diesem Namen. Besonders eindrücklich in der Gleichsetzung von Gott und Ort: Abot III, 1–IV, 22. Weitere Tora-Stellen zu *maqôm* als Ort Gottes: 5.Mose/Deuteronomium 12,21 und 14,24. Zur Zeit des Buches Esther stand der ‹Zweite Tempel› aus Sicht der in Persien handelnden Personen im weit entfernten Ausland. Wollte Mordechai Gott gleichsam lokalisieren, wäre das mit der von ihm gewählten Formulierung möglich gewesen. Zu *«ha maqôm»* als Gottesname vgl. auch Ch. Noll, ‹Hebron. Annäherung an einen Ort›, MUT 356 (April 1997), 60–68, ein lesenswertes Beispiel für die Beschäftigung mit diesem Namen Gottes in der modernen jüdischen Literatur.

der Maqôm [hier = ‹der an jedem Ort›, der ‹Allgegenwärtige›] dich trösten unter den Trauernden Zions und Jerusalems.»[100]

Wir können nüchterne Rückfragen stellen – traute Mordechai dem Hatach nicht, gab er also vielleicht deswegen seinen Rat an Esther in dieser verschlüsselten Form? Sprachen die Juden Persiens zu dieser Zeit öffentlich von Gott nicht namentlich, so daß der Verzicht auf die Nennung Gottes im hebräischen Text eine getreue historische Widerspiegelung der Situation wäre? Daß Mordechai der Esther erklärt, ihre Stellung als Jüdin und Königin dürfte wohl auch Vorhersehung sein, würde jedenfalls in diese Richtung weisen. Wer sonst könnte hier gemeint sein, wenn nicht der Gott, von dessen *maqôm* Rettung kommen wird? Und noch einen weiteren Schritt können wir bei der Entschlüsselung der Gegenwart Gottes im Buch Esther gehen: Unbestritten gehörte diese Schrift früh auch zur griechischen Übersetzung der Bibel, der ‹Septuaginta›, die – wie wir im 2. Kapitel sahen – von Juden wie Philo und Christen wie Origenes als göttlich inspiriert angesehen wurde. Sie stammt im wesentlichen aus dem dritten vorchristlichen Jahrhundert, ist also vielleicht noch nicht einmal einhundert Jahre jünger als die hebräische Grundschrift.[101] Und die griechische Fassung des Esther-Buches macht aus Gott kein Geheimnis. Hier verbirgt er sich nicht zwischen den Zeilen oder hinter Verschlüsselungen wie *maqôm*; hier tritt er namentlich auf als *kyrios*, als Herr.

Der zentrale 8. Vers des 4. Kapitels lautet im griechischen

---

[100] Den Hinweis verdanke ich einer Mitteilung von Chaim Noll, Beer-Sheva. Vgl. auch S. Bamberger (Hrsg.), Sidur S'fat Emet, Basel: V. Goldschmidt Verlag 1992, 310; R. H. H. Donin: To Be a Jew. A Guide to Jewish Observance in Contemporary Life, New York: HarperCollins 1991, 303.

[101] Die genaue Entstehungszeit von Esther ist nicht geklärt. Eine Kompromißdatierung ist «ca. 300 vor Christus». Es ist im Zweifelsfall eher älter als jünger; die Sprachgestalt und das Vokabular legen jedenfalls nahe, daß der hebräische Text noch zur Zeit der Perserherrschaft entstand.

Text so: «Und er gab ihm eine Abschrift dessen, was in Susa angeschlagen war betreffs der Vernichtung der Juden, um es Esther zu zeigen und ihr zu gebieten, daß sie zum König hineingehe und zu ihm flehe und bei ihm Fürbitte tue für ihr Volk, in Erinnerung (ließ er ihr sagen) an die Tage deines niedrigen Standes, wie du von meiner Hand aufgezogen wurdest; denn Aman (= Haman), der den Platz an der Seite des Königs innehat, hat gegen uns für unseren Tod gesprochen. Rufe den Herrn an, und sprich um unserer Sache willen zum König, damit er uns vom Tode errette.» Der 8. Vers ist in der griechischen Fassung länger geworden, ohne inhaltlich andere Akzente zu setzen – mit einer Ausnahme: «Rufe den Herrn an», heißt es, «und sprich um unserer Sache willen zum König.» Wer das flüchtig liest, könnte hier eine Parallelität der Satzglieder sehen. Herr und König, Herr = König; Esther möge den König anrufen, der ihr Gemahl und Herr ist, der Herr und Herrscher auch seiner Untertanen. *Kyrios* = Herr kann den weltlichen Herrscher ebenso meinen wie Gott den Herrn, oder, im griechischen Neuen Testament, Jesus den Herrn. Das sprachliche Umfeld muß entscheiden, was gemeint ist, muß also gewissermaßen die Entschlüsselung liefern. Und das ist an dieser Stelle der Fall:[102]

Der griechische Satzteil, der soeben mit «Rufe den Herrn an, und sprich um unserer Sache willen zum König» wiedergegeben wurde, lautet *‹epikálesai tòn kyrion, kai lálehson toh basilei perì hymohn›*. Das griechische Wort *‹epikaleoh›* wird in literarischen, theologischen und philosophischen Schriften benutzt, um die Anrufung des/eines Gottes zu bezeichnen. Nur selten kann es auch im Zusammenhang mit einem weltlichen Herrscher vorkommen. Daß diese hypothetische Variante im Esther-Buch ausgeschlossen ist, folgt aus zwei Feststellungen:

---

[102] Vgl. C.P. Thiede, ‹Small is Beautiful. The Wholeness of Fragments in Ancient and Modern Experience›, CGS Lecture Series No 1, Beer-Sheva: BGU 1998, 1–21, hier 12–14.

nicht nur werden aufeinanderfolgende Handlungen beschrieben (erst eine Anrufung, dann ein Gespräch), zum anderen wird hier grammatisch das ‹Medium› statt des ‹Aktivs› gebraucht, das wir erwarten müßten, wenn eine Identität von ‹Herr› und ‹König› beabsichtigt wäre. Hinzu kommt noch, daß wir den Wortgebrauch an anderen Stellen der griechischen Bibel heranziehen können – und da sehen wir, daß die Verbindung von *‹epikaleoh›* mit *‹theós›* (= Gott) und *‹kyrios›* (= Gott als ‹Herr›) eine Art Standardformel ist. Einige ausgewählte Stellen zum Nachschlagen: 1. Mose/Genesis 33,20; 5. Mose/Deuteronomium 12,11 (und Parallelstellen); 1. Samuel/1. Könige[LXX,Vulgata] 12,17; 1. Könige/3. Könige [LXX,Vulgata] 17,21; Hiob 5,8; Psalm 13,4; 17,6; 98,6; 114,4; 117,5; Jesaja 55,6; usw.

Ohnehin ist Kyrios = Herr in der griechischen Bibel die üblichste Form der Umschreibung des unaussprechbaren hebräischen Tetragramms «JHWH». Der Gottesname *‹kyrios›* in Esther 4,8 gehört zum kanonischen Text des griechischen Alten Testaments, er ist kein Teil der späteren Sonderstücke, die in einigen evangelischen Bibeln als Teil der «Apokryphen» abgedruckt sind und sechs Kapitel unter der Bezeichnung «Stücke zum Buch Esther» umfassen.[103] Doch Ester 4,8 steht keineswegs allein. Im alten griechischen Text der ‹Septuaginta› kommt Gott dreimal ausdrücklich als *‹theós›* vor: Esther 2,20; 6,1; 6,13. Und eine etwas spätere Variante des kanonischen griechischen Textes – noch ohne die späteren Sonderstücke –, der sogenannte A-Text, nennt Gott namentlich außerdem in 4,14; 4,16 und 7,2. Das ist nicht wenig für ein Buch, dessen nicht sehr viel ältere hebräische Urfassung Gott nur verschlüsselt erwähnt. Und wieder schließen sich Fragen an. Esther wurde

---

[103] In der katholischen Tradition sind diese späteren Nachträge in den Haupttext integriert. Dadurch könnte hier für Laien zum Beispiel der Eindruck entstehen, Mordechai selbst würde auch im kanonischen griechischen ‹Septuaginta›-Text zu Gott gebetet haben (z.B. die ‹Einheitsübersetzung›, Esther 4,17a–17i).

in Qumran nicht gefunden. Es gibt überhaupt keine einzige Handschrift des hebräischen Textes, die älter ist als die Fassung der Masoreten aus dem 9. Jahrhundert *nach* Christus. Unsere ältesten Handschriften des Esther-Buches sind griechische Papyri, nicht hebräische Rollen: Der Kodex Chester Beatty IX (967 Rahlfs) aus der ersten Hälfte des dritten nachchristlichen Jahrhunderts und das wohl nur geringfügig ältere Fragment P. Palau inv. 163. Die beiden ergänzen sich, denn der Chester Beatty Kodex hat eine Lücke von Kapitel 4,8 bis 4,10, während das kleine Papyrusfragment die Abschnitte 4,4–5 und 4,8–11 umfaßt. Anders gesagt: Unser ältester Beleg für den ältesten Wortlaut von 4,8 – mit der Anweisung Mordechais an Esther, Gott den Herrn anzurufen – ist ein 3,8 x 4,8 cm großer griechischer Papyrus aus dem frühen 3. Jahrhundert n. Chr.[104]

Hat die ‹Septuaginta› in ihrer hebräischen Vorlage die Gottesbezeichnung vorgefunden, oder hat sie Gott hinzugefügt? Ist Gott zu einem späteren Zeitpunkt aus dem hebräischen Text herausgefallen, oder war er dort tatsächlich nie namentlich vorhanden? Neben unserem oben dargestellten Erklärungsversuch, demzufolge das Fehlen einer ausdrücklichen Nennung Gottes im hebräischen Esther-Buch die historisch genaue Widerspiegelung eines Verzichts der Juden im persischen Reich sein könnte, ihren Gott öffentlich zu benennen, wäre auch ein anderes Modell denkbar: Gott wurde aus dem hebräischen Text herausgenommen, als das Buch Esther mit dem Purim-Fest in den Augen maßgeblicher Traditionsbewahrer allzu weltlich, gleichsam gottlos geworden war. Eine solche Erklärung ist wohl weniger plausibel; sie hilft uns aber zu verstehen, daß wir schlicht nicht mehr wissen, wie an diesen Stellen der hebräische Urtext von Esther lautete. Nicht wenige

[104] S. Daris, ‹Papiri Palau Ribes›, Aegyptus 66 (1986), 106–107; J. O'Callaghan, Papiros griegos del Fondo Palau-Ribes, Barcelona: E.P.F.B. 1993, 36–38; zur neuen Textrekonstruktion jetzt C.P. Thiede, wie in Anm. 102, 14–16.

Forscher nehmen jedenfalls an, daß – mit oder ohne Gottesbenennung – der hebräische Text, der den Übersetzern vorlag, älter und möglicherweise anders war als der hebräische Text der Masoreten, den wir heute besitzen. Was auch immer sich daraus eines Tages noch ergeben mag, zwei Konsequenzen lassen sich heute schon ziehen. Der Fall der Suche nach Gott im Text des Buches Esther bestätigt, daß es keinen Sinn hat, einen mathematischen, computergestützten Bibelcode entwickeln oder entdecken zu wollen, und vor allem: Gott ist da, auch im Buch Esther, selbst in der kargen hebräischen Fassung, die einmal mehr selbst dort, wo sie verschlüsselt, den Schlüssel mitliefert. Was der Eunuch Hatach vielleicht gar nicht wissen sollte, konnte die Jüdin Esther sofort begreifen.

Am Buch Esther können wir noch ein anderes Decodierungs-Phänomen beobachten: Im Judentum war und ist diese Rolle, von gelegentlichen und keineswegs eindeutigen Ausnahmen abgesehen, stets ungemein beliebt. Alte Auslegungen, Targume, haggadische Bearbeitungen sind reichlich vorhanden.[105] Die christliche Rezeption war dagegen über einen langen Zeitraum auffällig zurückhaltend. In der ersten Generation, in den von Juden verfaßten Schriften des Neuen Testaments, ist das nicht sonderlich auffällig; auch andere alttestamentliche Bücher spielen kaum eine Rolle. Immerhin gibt es in einem Wort des Markusevangeliums einen deutlichen Anklang: Herodes verspricht seiner Stieftochter (deren Name in der nachfolgenden Tradition als Salome weitergegeben wurde) für ihren Tanz an seinem Geburtstag: «Um was du mich auch bitten wirst, ich werde es dir geben bis zur Hälfte meines

---

[105] Unter Targum (‹Übertragung›) versteht man eine aramäische Übersetzung des hebräischen Textes, meist sehr wortgenau, mitunter auch interpretierend. Für Esther liegen vollständig die Targume Rischon und Scheni vor.
Haggada (auch Aggada, abgeleitet von hebräisch ‹Erzählung›) bezeichnet die vielfältigen, ursprünglich als mündliche Lehre weitergegebenen Gleichnisse, Ausdeutungen, Legenden über und von Propheten und Rabbis usw., in unterschiedlichsten Textformen.

Reiches». Das Mädchen berät sich mit Herodias, ihrer Mutter, und verlangt das Haupt Johannes des Täufers (Markus 6,23–24). Dieses Versprechen, «bis zur Hälfte meines Reiches», entspricht im Wortlaut einem dreimal vorgetragenen Gelübde des Königs Ahasver gegenüber Esther (5,3; 5,6; 7,2). Esther nutzt die ersten beiden Gelegenheiten, um die Entlarvung Hamans vorzubereiten, beim dritten Mal bittet sie um ihr Leben und um das Leben ihres Volkes. Auch hier ist die Konsequenz ein Tod – der des Wesirs Haman, der die Juden vernichten wollte. Doch jeder Hörer und Leser des Markusevangeliums, der mit dem Alten Testament vertraut war, sollte den Unterschied begreifen: Die Tochter der Herodias handelte aus niederen Beweggründen, von ihrer Mutter angetrieben und gegen den Willen des Königs Herodes. Esther dagegen handelte, um Leben zu retten, für das Volk Gottes und im Interesse des Königs.

Die frühchristliche Beschäftigung mit dem Alten Testament hat daran nicht angeknüpft. Esther blieb lange ausgeblendet, obwohl man gerade in der Frühzeit vorwiegend die griechische Fassung der Bibel benutzte, in der das Buch Esther, wie wir sahen, Gott ausdrücklich nennt. Die – scheinbar – allzu sehr auf einen Teilaspekt auch geographisch weit entfernter jüdischer Geschichte (Persien) ausgerichtete Schrift mit ihrer – scheinbar – maßlosen Grausamkeit im Augenblick des Triumphs und das rein innerjüdische Purim-Volksfest mögen distanzfördernd gewirkt haben. Kurz vor 70 n. Chr. (traditionell erst um 96 n. Chr.) konnte immerhin Clemens von Rom in seinem 1. Brief an die Korinther die Glaubensstärke Esthers hervorheben (1. Clemens 55,6) und dabei ausdrücklich den Bezug zum handelnden Gott herstellen: «Auch die glaubensstarke Esther begab sich nicht weniger in Gefahr [als die von Clemens zuvor erwähnte Judith], um die zwölf Stämme Israels zu retten, als sie vom Untergang bedroht waren. Denn durch ihr Fasten und durch ihre (Selbst)Erniedrigung erweichte sie den alles sehenden Herrn, den Gott der Äonen. Er sah die Demut ihrer Seele und und rettete das Volk, für das sie die Gefahr auf sich genommen hatte.» Hier wird schon sehr früh in der außerneutestamentlichen Literatur des frühen Christentums die heilswichtige Funktion der Esther-Geschichte betont. Und das ist um so auffälliger, als Clemens das Handeln Esthers mit zwei Begriffen beschreibt, die er kurz zuvor (53,2) auch zur Charakterisierung Moses verwendet hatte: Fasten und Erniedrigung.[106] Dieses Verhalten Esthers ist zudem bereits im hebräischen Esthertext zu finden (4,16); der griechische Text ergänzt an dieser Stelle nichts.

Clemens von Rom wirkte allerdings nicht schulbildend; sein Votum blieb die Ausnahme in einer Wüste fehlender Stellungnahmen oder skeptischer Randbemerkungen, auch wenn Klemens von Alexandria an der Wende vom zweiten zum dritten nachchristlichen Jahrhundert Esther immerhin wieder als vollkommen in bezug auf ihren Glauben bezeichnen konnte.[107] Noch im ausgehenden 4. Jahrhundert war Hieronymus bei seiner Übersetzung der ganzen Bibel ins Lateinische zwar detailliert mit philologischen Fragen befaßt und entschied sich für eine hebräische Vorlage ohne Berücksichtigung der griechischen Sonderstücke (die er nur als Nachtrag aufnahm), verzichtete jedoch auf jegliche ernsthafte, detaillierte Kommentierung. Diese Zurückhaltung trieb noch einmal in der Reformationszeit besonders extreme Blüten. Martin Luther beispielsweise, dem manche biblische Bücher nicht gefielen – auch den Hebräerbrief und den Brief des Jakobus hätte er am liebsten aus dem Kanon entfernt –, meinte, über das 2. Makkabäer-Buch und Esther folgendes sagen zu müssen: «Ich bin dem Buch [2. Makkabäer] und Esther so feind, daß ich wollte, sie wären gar nicht vorhanden; denn sie judenzen zu sehr und haben viel heidnische Unart».[108] Allzu viele In-

---

[106] Griechisch ‹*dià gàr täs nästeías kai täs tapeinóhseohs*›.
[107] ‹Stromata› 4,19.
[108] Luther, Weimarer Ausgabe, 22, 2080.

terpreten sind, wenn auch mitunter aus anderen Gründen und mit anderen Argumenten, Luthers aktivem Desinteresse gefolgt. Zwischen dem Schweigen der Kirchenväter und der Ablehnung seit Luther und dann vor allem seit dem 18. bis in das 20. Jahrhundert gab es jedoch eine lange Phase, in der es anders aussah: Im Hochmittelalter fand das Buch Esther aufmerksame und zugleich eigenwillige Interpreten. Es ist diese Epoche, die uns zu einer anderen Art der ‹Entschlüsselung› von anscheinend verschlüsselten Texten führt. Und das Buch Esther steht hier als Beispiel für den Umgang auch mit anderen Büchern des Alten Testaments (namentlich des Hohenlieds Salomos).

Im 9. Jahrhundert – nahezu parallel zur Arbeit der Masoreten am hebräischen Text der Bibel – entsteht der erste ausführliche Kommentar zu Esther aus christlicher Feder. Der aus Mainz stammende, in Fulda und Tours ausgebildete Theologe und spätere Erzbischof von Mainz Hrabanus Maurus (780–856) verfaßte 836 eine ‹Expositio in librum Esther›, in der er ein klares Programm verfolgt: Esther steht für die christliche Kirche, die von König Ahasver verstoßene frühere Lieblingsfrau Wasti repräsentiert das Volk der Juden. Mordechai wird als Repräsentant der Lehrer und Leiter der Kirche interpretiert, und König Ahasver erhält den Rang einer Christus-Figur. Hier war nun christlichen Lesern des 9. Jahrhunderts eine unzweideutige Richtung vorgegeben: Ein Buch wie Esther hat Rang und Geltung in der Kirche dadurch, daß seine handelnden Gestalten ‹eigentlich› für etwas ganz anderes stehen. Man nennt so etwas allegorische Deutung oder Allegorese (vom griechischen ‹*allägoréoh*›, anders oder bildlich reden, ein Wort, das im Neuen Testament einmal vorkommt: Galater 4,24). Die Allegorese operiert mit einem geheimen Sinn, der nicht verstanden werden kann, wenn man sich an den Wortsinn hält, sondern nur, wenn eine vorher ‹programmierte› Sinndeutung angewandt wird. Das heißt hier: Namen, Gestalten und Handlungen alttestamentlicher Bücher enthüllen ihren geheimen Sinn, lassen ihren Code dechiffrierbar werden, wenn sie so ausgelegt werden, daß sich Esther (usw.) nur unter Beziehung auf Christus deuten lassen. Das Verfahren ist keineswegs von Christen erfunden worden; schon die Philosophen der griechischen Stoa brachten ihre Deutungsmuster mit, um die Epen Homers allegorisch auslegen zu können, und die jüdische Interpretation des *Tanach* bietet viele kunstvolle Beispiele für Allegorese. Die Drehungen und Wendungen, die Hrabanus Maurus anbringt, um aus Ahasver allegorisch Christus zu machen, lassen aber auch – stellvertretend für anderes – schnell erkennen, wie gewollt (um nicht zu sagen willkürlich) dieses Verfahren sein kann. Nicht nur wird ein jüdisches Buch den Juden geradezu enteignet, auch der Erkenntnisgewinn für christliche Leser ist fraglich.

Hrabanus ist allerdings noch vergleichsweise harmlos. Schon seinem Schüler Walahfrid Strabo (808–849) wird ein Esther-Kommentar zugeschrieben, in dem sich Esther eigentlich als proto-neutestamentliches Buch herausstellt. Sogar der Festsaal im königlichen Palast hat nun eine tiefere Bedeutung; beispielsweise steht der Purpur für das Blut der Märtyrer (der christlichen, nicht der jüdischen), und die Marmorsäulen werden als Säulen der Standhaftigkeit christlicher Gelehrter gedeutet. Wieder ist Ahasver Christus (aber nicht immer; Walahfrid ist intelligent genug, um zu merken, daß nicht alles in das allegorische Prokrustesbett paßt), und nun darf auch Paulus auftreten, der sich als Memuchan verborgen hatte, der siebte und letzte der Weisen an Ahasvers Hof. Die Sache ist klar: Da Paulus sich selbst als den geringsten unter den Aposteln bezeichnet, «zuletzt von allen» (1. Korinther 15,8–9), ist Memuchan natürlich Paulus. Im übrigen schließt Walahfrid sich seinem Lehrer Hrabanus an, und so wird aus der Jüdin Esther die herausgehobene christliche Kirche für die Heiden, während Wasti die verworfene Synagoge darstellt. Hier sehen wir die unheilvolle Abkehr von einer Erkenntnis, die im Christentum noch zu Beginn des fünften Jahrhunderts selbstverständlich schien: Die Kirche aus der Beschneidung (also aus dem Judentum) und die Kirche aus den heidnischen Völkern können nicht gegeneinander ausgespielt werden. Über dem inneren Portal der Kirche Santa Sabina in Rom ist das bildhaft – also in gewisser Weise auch allegorisch – in aller Deutlichkeit dargestellt. Um 430 n. Chr. wurde dort die Stifterinschrift Petrus' des Illyrers angebracht. Links und rechts vom Text sind zwei Frauen zu sehen, die sich nur in kleinen Beigaben unterscheiden, ansonsten aber identisch und völlig gleichrangig sind. Erst die Unterschrift identifiziert sie: Links die ‹Ecclesia ex circumcisione› (die Kirche aus der Beschneidung), rechts die ‹Ecclesia ex gentibus› (die Kirche aus dem Heidentum).[109]

Der Weg des Hrabanus Maurus und des Wahlafrid Strabo hätte nicht erfolgreich und folgenreich sein müssen, denn es gab Alternativen. Der ansonsten in seinen Auslegungen sehr spielfreudige Rupert von Deutz (ca. 1170 –1230) aus der Gegend von Lüttich, später Abt in Deutz, versuchte die Handlungen im Buch Esther sachlich am Maßstab anderer alttestamentlicher Bücher zu deuten, bezog dann das Neue Testament ein, indem er beispielsweise das Verhalten Mordechais durch Worte Jesu bekräftigt sah, und nannte schließlich zurückhaltend einige Beispiele für eine typologische Interpretation. Das heißt: Mordechai (bei Rupert also nicht König Ahasver) kann als ein ‹*typus Christi*› verstanden werden – nicht als eine allegorische Vorausgestaltung, sondern als eine Person, deren Typus Elemente des Charakters und Handelns Christi enthält. Ebenso ist Mordechais Gegenspieler Haman dementsprechend eine teuflische Figur, eine ‹*figura diaboli*›.

Das ist auch dann, wenn Rupert an anderen Stellen übertreibt, ein Verfahren, das den Text zuerst einmal so stehen läßt, wie er ist, und erst dann danach fragt, welche weiteren Ver-

[109] Bild und Kommentar: C.P. Thiede, Funde, Fakten, Fährtensuche. Spuren des frühen Christentums in Europa, Wuppertal/Zürich: R. Brockhaus 1992, 144–149.

ständnisebenen er haben könnte. Rupert von Deutz steht hier in den Fußspuren des Juden Paulus, der als Jesusnachfolger auf solche Deutungen der jüdischen Bücher hinwies, ohne diese Bücher damit zugleich aus ihrer eigenen Tradition und aus der Zugehörigkeit zum jüdischen Volk – dem auch er angehörte – herausnehmen zu wollen.[110] Gerade um dann den ‹Schriftbeweis› führen zu können, den Nachweis also, daß Jesus der von der Tora, den Propheten und den anderen Schriften der gemeinsamen Heiligen Schrift vorhergesagte Messias war, mußten schon die ersten christlichen Interpreten, die selbst Juden waren, den mehrfachen Schriftsinn suchen und finden.

Vom mehrfachen Sinn der Heiligen Schrift

Von Anfang an haben sich Leser und Interpreten der Bibel selten nur mit dem einfachen Sinn des Textes zufrieden gegeben. Was sich stellvertretend am Beispiel des Buches Esther zeigen ließ, ist kein Sonderfall. Spätestens seit dem ersten vorchristlichen Jahrhundert hat im Judentum die Deutungsmethode mit einem mehrfachen Schriftsinn Wurzeln geschlagen. Sie wird Hillel zugeschrieben, der sich wiederum auf seine Lehrer Schemaja und Abtalion beruft. Traditionell werden diese beiden als zum Judentum bekehrte Gelehrte betrachtet, die aus

---

[110] Paulus bietet an der einzigen Stelle des Neuen Testaments, in der das griechische Wort für «anders / bildlich reden», ‹*allägoréoh*›, vorkommt, in seinem Brief an die Galater (4,24), selbst ein gutes Beispiel: «Sagt mir, die ihr unter dem Gesetz sein wollt, hört ihr das Gesetz nicht? Denn es steht geschrieben, daß Abraham zwei Söhne hatte, einen von der Magd und einen von der Freien; aber der von der Magd war nach dem Fleisch geboren, der von der Freien jedoch durch Verheißung. Dies hat einen bildlichen Sinn (‹*hatiná estin allägoroúmena*›); denn diese bedeuten zwei Bündnisse: eines vom Berg Sinai, das in die Sklaverei hinein gebiert, das ist Hagar. Denn Hagar ist der Berg Sinai in Arabien, entspricht aber dem jetzigen Jerusalem, denn es ist mit seinen Kindern in Sklaverei. Das Jerusalem droben aber ist frei, und das ist unsere Mutter … Ihr aber, Brüder, seid wie Isaak Kinder der Verheißung. Aber so wie damals der nach dem Fleisch geborene den nach dem Geist Geborenen verfolgte, so auch jetzt» (Galater 4,21–31).

Alexandria stammten; so will man auch erklären, daß die Regeln Hillels von hellenistischer, außerjüdischer Rhetorik mitgeprägt sind. Jedenfalls werden die sieben Regeln Hillels unter anderem in der Tosefta Sanhedrin VII,11b wiedergegeben:

«Sieben Regeln hat Hillel der Alte vor den Angehörigen der Sippe von Batyra aufgestellt: den Schluß vom Leichteren auf das Schwerere, den Analogieschluß, die Verallgemeinerung von einer Schriftstelle oder von zwei Schriftstellen aus, den Schluß vom Allgemeinen auf das Besondere und vom Besonderen auf das Allgemeine, den Schluß von einer anderen Schriftstelle aus und den Schluß aus dem Zusammenhang. Diese sieben Regeln hat Hillel der Alte vor den Angehörigen der Sippe von Batyra dargelegt.»[111] Um sich darunter etwas Konkretes vorstellen zu können, muß man die Probe aufs Exempel machen.[112] Die beiden am häufigsten angewandten Regeln, die später auch der rabbinisch-pharisäisch geschulte Paulus benutzte, sind die ersten beiden. Das funktioniert dann zum Beispiel so:

Die erste Regel, hebräisch *qal wa-chomer*, ‹vom Leichten zum Schweren›, läßt sich an der Lehre zeigen, daß die Toten ‹bekleidet› – das heißt leiblich, körperlich auferstehen werden. Im Talmud-Traktat Kettubot 11b heißt es als Erläuterung der Methode: «Ein Weizenkorn wird nackt begraben und kommt bekleidet heraus. Um wie viel mehr ist das von den Gerechten zu erwarten, die bekleidet begraben werden.» Paulus wendet das gleiche Verfahren an, um vom Verhalten Adams zum Verhalten Christi zu kommen: «Aber der Tod herrschte von Adam bis auf Mose selbst über die, welche nicht gesündigt hatten durch die gleiche Übertretung wie Adam, der ein Bild dessen ist, der kommen sollte. Aber nicht verhält sich's mit der Gabe

---

[111] Nach G. Stemberger, Das klassische Judentum. Kultur und Geschichte der rabbinischen Zeit, München: C.H. Beck 1979, 133.

[112] Auch Hillel selbst blieb das nicht erspart, wie der Babylonische Talmud im Traktat Pesach 66a und der Jerusalemer Talmud in Pesach VI,1,33a berichten.

wie mit der Sünde. Denn wenn durch die Sünde des einen die Vielen gestorben sind, um wie viel mehr ist Gottes Gnade und Gabe den vielen überreich zuteil geworden durch die Gnade des einen Menschen Jesus Christus… Denn wenn wegen der Sünde des Einen der Tod geherrscht hat durch den Einen, um wie viel mehr werden die, welche die Fülle der Gnade und der Gabe der Gerechtigkeit empfangen, herrschen im Leben durch den Einen, Jesus Christus» (Römer 5,14–15.17; Luther-Übersetzung).

Die zweite Hillel-Regel, ‹*gesera schawa*› oder ‹gleiche Verordnung›, ist als Analogieschluß bis heute eine der beliebtesten Interpretationsweisen geblieben. Hillel wandte sie an, um die Regelung des Sabbat-Opfers am Passa/Pesach-Fest zu erläutern: Über das tägliche Opfer werde ebenso wie vom Passa-Opfer in der Heiligen Schrift gesagt, daß es zu einer festgesetzten Zeit stattzufinden habe (4. Mose/Numeri 9,2; 28,2). Daraus folge, daß das Passa-Opfer ebenso wie das tägliche Opfer den Sabbat verdrängen darf, auch wenn er auf den 14. Nisan fällt (Traktat Pesach 66a). Paulus operiert mit dieser Regel im Römerbrief, als es um Abrahams Glaubensgerechtigkeit als Modell für die Glaubensgerechtigkeit der Zeitgenossen geht. Der griechische Begriff, den er im Analogieschluß verwendet, ist ‹*logízomai*›, anrechnen, zurechnen, gutschreiben: «Was aber sagen wir von Abraham, unserm leiblichen Stammvater? Was hat er erlangt? Das sagen wir: Ist Abraham durch Werke gerecht, so kann er sich wohl rühmen, aber nicht vor Gott. Denn was sagt die Schrift? Abraham hat Gott geglaubt, und das ist ihm zur Gerechtigkeit gerechnet worden. Dem aber, der mit Werken umgeht, wird der Lohn nicht aus Gnade zugerechnet, sondern aus Pflicht. Dem aber, der nicht mit Werken umgeht, aber an den glaubt, der die Gottlosen gerecht macht, dem wird sein Glaube gerechnet zur Gerechtigkeit. Wie ja auch David den Menschen seligpreist, dem Gott zurechnet die Gerechtigkeit ohne Zutun der Werke. Selig sind die, denen die Ungerechtigkeiten vergeben sind und denen die

Sünden bedeckt sind! Selig ist der Mann, dem der Herr die Sünde nicht zurechnet!» (Römer 4,1–8). In jedem Vers von 3 bis 8 kommen die Formen von *‹logízomai›* (zurechnen, anrechnen) vor, variiert und virtuos im Analogieschluß verwendet, die Tora und den Psalter mit der Lehre des Paulus verbindend. Analogieschlüsse sind natürlich für jeden Theologen, für jeden Prediger oder Textdeuter ungemein verlockend. Daher warnte schon der Talmud vor dem Mißbrauch. Im Traktat Schabbat 63a lesen wir:

«Raw Kahana sagte zu Mar, Rawinas Sohn: ‹Ist denn das in den Worten der Weisung geschrieben?› Er sagte zu ihm: ‹Kein Schriftvers kann von seinem einfachen Wortsinn abgehen.› Raw Kahana sagte: ‹Als Achtzehnjähriger hatte ich die ganze Lehre durchstudiert, wußte aber bis jetzt noch nicht, daß kein Schriftvers von seinem einfachen Wortsinn abgehen darf.› Was läßt er uns daraus vernehmen? Ein Mensch soll lernen, später versteht er.» Erst kommt der Wortsinn, den es zu verstehen gilt und von dem keine Interpretation abrücken darf; dann, als Zugabe, die nächsten Schritte. So kann der Traktat Schabbat auch betonen, daß die Begriffe, mit denen Analogieschlüsse erzielt werden, für das eigentliche, direkte Verständnis des Textes nicht entscheidend sein dürfen – da sonst nämlich der Gedanke entstehen könnte, die Heilige Schrift habe bestimmte Begriffe verwendet, weil sie selbst bereits von Anfang an auf solche Mehrfachinterpretationen und Analogieschlüsse angelegt sei. Paulus entgeht dieser Kritik; viele seiner Nachfolger nicht. Der Talmud geht noch einen Schritt weiter: Analogieschlüsse sollten durch die Tradition der Auslegung abgesichert werden. So kann sich auch Hillel mit seiner Interpretation der Zulässigkeit des Opfers am Sabbat des 14. Nisan erst durchsetzen, als er sich auf Schemaja und Abtalion beruft, seine Lehrer.

Jüdische Textauslegung hat im Laufe der Zeit noch weitere Regelformulierer hervorgebracht, darunter Rabbi Elieser mit seinen zweiunddreißig Regeln, zu denen das ‹Notarikon› gehört, wonach jeder Buchstabe eines Wortes als Abkürzung eines anderen Wortes verstanden werden oder jedes Wort in seine dann selbständig neu zu verstehenden Silben zerlegt werden kann. Einigkeit darüber herrschte in den verschiedenen rabbinischen Schulen nicht, so daß man auch nicht pauschal und schon gar nicht abwertend von einer jüdischen oder rabbinischen Auslegung als solcher sprechen sollte.

Paulus jedenfalls, der sich in der Nachfolge Hillels im wesentlichen auf dessen erste beiden Regeln beschränkt, benutzt noch eine andere Methode der weitergehenden, gelegentlich tieferen Bedeutungsentschlüsselung: die typologische Interpretation. Dabei geht es nicht um biblische Lehraussagen, sondern um meist an Personen gebundene Ereignisse der Geschichte, die als eine Vorwegnahme oder Vorabbildung kommender Ereignisse zu verstehen sind. Das Ziel des Verfahrens ist vorgegeben: Das Leben der (christlichen) Gemeinde in Gegenwart und Zukunft erhält seinen Verständnisschlüssel durch die ‹typologische› Interpretation von Geschehnissen des Alten Testaments. Das kann dann auch bis in die Ausdeutung der Endzeit vorausgreifen. Ein Beispiel findet sich in der oben zitierten ‹*qal wa-chomer*› Interpretation nach der 1. Hillel-Regel im 5. Kapitel des Römerbriefs: In Kapitel 5,14 widmet sich Paulus dem Vergleich von Adam und Christus und sagt: «Dennoch herrschte der Tod von Adam an bis Mose auch über die, die nicht gesündigt hatten durch die gleiche Übertretung wie Adam, *welcher ist ein Bild dessen, der kommen sollte.*» Adam ist hier als Bild Christi gedeutet, und für ‹Bild› steht im griechischen Text ‹*typos*› – Adam als ‹Typus› des kommenden Messias. Der methodische Deutungsschritt des Typus als Vorabbildung bedeutet hier jedoch keineswegs Identität: die Typologie funktioniert in der Umkehrung, denn der Tod durch die Sünde, den Adam für die ganze Menschheit brachte, steht typologisch gegenbildlich für die rettende Wirkung des Lebens des einen Gerechten, die wiederum für die ganze Menschheit erbracht ist. Jesus ist der ‹*neue* Adam›.

Wie wir oben schon sahen, nutzt Paulus schließlich auch die seit der Antike, auch der jüdischen, weitverbreitete Allegorese, jene systematische Konsequenz der voraufgegangen Schritte, die im Hochmittelalter unter Hrabanus Maurus und seinen Nachfolgern so fragwürdige Ausweitungen erfuhr. Dort standen ‹alter Sinn› und ‹neuer Sinn› so gegeneinander, daß der neue Sinn dem alten nichts von seiner ursprünglichen Bedeutung für seine ursprünglichen Leser ließ. Ziel der allegorischen Interpretation ist es, zumindest in letzter Gründlichkeit, den bildhaften neuen Sinn als den eigentlichen darzustellen. Was wörtlich im Text steht, muß zurücktreten und gerät gelegentlich völlig aus dem Blick. In der Geschichte der Bibelauslegung hatten wir das am Beispiel der 153 Fische gesehen, die von den Jüngern im See Genezareth gefangen wurden: Sie dürften alles mögliche und unmögliche bedeuten, nur nicht mehr eines: 153. Die Kunst des Interpreten muß darin liegen, eine tiefere theologische, ethische oder moralische Verständnisebene nicht gegen den Wortsinn auszuspielen. Ein Meister dieser Kunst war ein jüdischer Zeitgenosse des Paulus, der Philosoph und Theologe Philo von Alexandria, der um 50 n. Chr. starb und wie Paulus nur griechisch schrieb. Wie der Apostel diesen Drahtseilakt besteht, zeigt eine Stelle im 1. Korintherbrief: «Denn im Gesetz des Mose steht geschrieben [5. Mose 25,4]: ‹Du sollst dem Ochsen, der da drischt, nicht das Maul verbinden.› Sorgt sich Gott etwa um den Ochsen? Oder redet er nicht überall um unseretwillen? Ja, um unseretwillen ist es geschrieben: wer pflügt, soll auf Hoffnung pflügen, und wer drischt, soll in der Hoffnung dreschen, daß er seinen Teil empfangen wird» (1. Korinther 9,9–10).

Hier wird nicht nur der eigentliche Sinn der Tora-Stelle in seiner Bedeutung «für uns» gesehen; auch das Pflügen und Dreschen ist natürlich bildhafte Sprache, da Paulus keineswegs nur Bauern im Blick hat. Die Frage, ob Gott sich etwa um Ochsen sorge, ob hinter dem Tier nicht doch etwas Höheres zu verstehen sei und Gott sich weniger um Tierschutz als um Menschenschutz kümmere, beantwortete ähnlich auch Philo von Alexandria: «Du wirst feststellen, daß diese ganze sorgsame Untersuchung des Tiers ein Symbol ist, das in einer Figur die Veränderung deines eigenen Verhaltens darstellt, denn das Gesetz (= die Tora) enthält keine Vorschriften für verstandeslose Tiere, sondern für jene Wesen, die einen Verstand haben und denken können.»[113] Gesetzesbestimmungen der Tora dürfen also mit Hilfe der Allegorie aktualisiert werden – darin sind sich Philo und Paulus einig. Für Paulus sind allerdings die verschiedenen Schritte und Möglichkeiten der Interpretation, die – wie wir gesehen haben – häufig ineinander übergehen können, kein Selbstzweck. Die von ihm angewandten ‹Regeln› verselbständigen sich nicht. Auch der Ansatz seiner Auslegung der Stelle vom Ochsen ist abgesichert vom Umfeld, in dem sie sich in 5. Mose/Deuteronomium befindet – denn dort steht Kapitel 25,4 allein inmitten einer langen Reihe von Anweisungen, die ausschließlich dem Verhalten gegenüber Menschen und zwischen Menschen gelten. Der Spruch vom Ochsen wirkt da wie ein Fremdkörper. Die allegorisierende Interpretation läßt ihn an seiner Stelle, integriert ihn nun aber auch in sein eigentliches Umfeld: das von Gott gewollte und geregelte Wohlergehen der Menschen.

Man hat gelegentlich gemeint, Paulus gegen sich selbst in Schutz nehmen zu müssen, als hätte er sich gegen die Bedeutung des alttestamentlichen Textes gewandt und als sei es unter seiner Würde, Allegorie, Analogieschluß oder den ‹*qal wa-chomer*›-Schritt ‹vom Leichten zum Schweren› zu benutzen.[114] Doch das hat Paulus gar nicht nötig. Wir werden ihm, seiner jüdisch-hellenistischen Bildung und seiner Theologie viel

---

[113] Philo, ‹De specialibus legibus› I,260.

[114] Ein jüngeres Beispiel ist der ansonsten sehr wertvolle Kommentar von Gordon D. Fee, The First Epistle to the Corinthians, NICNT, Grand Rapids: Eerdmans 1987, 406–409.

mehr gerecht, wenn wir ihn nicht von den Deutungswegen und Erwartungshaltungen der Interpreten und Leser seiner Umwelt trennen. *Wie* er damit umgeht, ist entscheidend – nicht, *daß* er es tut.

Deutlich geworden ist jedenfalls auch, daß in der Frühzeit der interpretatorischen Schritte, zwischen Hillel dem Alten, Philo und Paulus, kein rigides System entstand. Auch die sieben Regeln Hillels und die zweiunddreißig des R. Elieser sind nicht als eine Art hermeneutischer Methodenlehre zu verstehen. Für einen solchen Zweck sind sie nicht präzise genug formuliert und wollen es auch gar nicht sein. Sie sind Hilfsmittel, um den Text in seiner Fülle ausschöpfen zu können, nicht auf jeden Text jederzeit anwendbar und zum Teil mit größter Vorsicht anzuwenden – was schon jene wußten und sagten, die sie als erste benutzten. So schließt sich auch hier ein Kreis: Weder bietet der biblische Text selbst Hinweise darauf, daß er einen Code enthält, der zu entschlüsseln sei, noch haben die Ausleger in der wissenschaftlichen Blütezeit des Zweiten Tempels den Anspruch erhoben, von Codes zu wissen, derer sie mit Regeln der Dechiffrierung habhaft werden könnten. Striktere Verfahrensweisen zur Ermittlung eines mehrfachen Schriftsinns kamen erst später auf. Der erste Meister der Methodik war der schon mehrfach erwähnte Origenes, der seine wichtigsten Werke in der ersten Hälfte des 3. nachchristlichen Jahrhunderts als Gründer einer theologischen Akademie in Alexandria und als Leiter der Bibliothek von Caesarea Maritima schrieb.

Origenes entwickelte die Lehre vom dreifachen Sinn der Schrift. Auch er, der gelernte neuplatonische Philosoph, stand in alter griechischer Tradition. Er wußte, daß die Sophisten des 5. und 4. vorchristlichen Jahrhunderts und die Kyniker des 4. vorchristlichen Jahrhunderts an Homer eine allegorische Auslegung erprobt hatten, die von den Stoikern weiterentwickelt wurde und in Krates von Mallos im 2. Jahrhundert v. Chr. ihren Höhepunkt fand. Hier wurden zum Beispiel den

Göttern des Olymp und ihren Handlungen allegorische Bedeutung und allegorische Eigenschaften zugeschrieben. Der Gott Chronos beispielsweise wurde als ‹Zeit› gedeutet. So ist er seitdem bis heute gegenwärtig geblieben, in der Chronologie, im Chronometer oder in chronischen Krankheiten. Das war ein duales System – der Wortsinn oder ‹sensus litteralis› war der Gott mit Namen Chronos, der übertragene, ‹geistige› Sinn oder ‹sensus spiritualis› sah dagegen Chronos als die Zeit.

Das war, mehr oder weniger, die Gebrauchslage, die Origenes vorfand und auch am jüdischen Schrifttum noch bis in seine Zeit sowie am Neuen Testament bei Paulus ablesen konnte. Ein halbes Jahrhundert nach dem Tod des Paulus, knapp zweihundert Jahre vor seiner eigenen Autorentätigkeit, entstand zudem eine beliebte allegorische Interpretation eines biblischen Buchs, deren ‹sensus spiritualis› ihn wohl nicht unberührt ließ: Rabbi Akiba ben Joseph legte eine Interpretation des Hohenlieds Salomos vor, in der diese erotische Dichtung als Schrift über die Liebe zwischen Israel und Gott interpretiert wird. Origenes und nach ihm Hieronymus konnten das nicht auf sich beruhen lassen; bei ihnen wird daraus die Liebe zwischen Christus und der Kirche. Akiba und Origenes verband die Auffassung, daß der ‹sensus litteralis›, der Wortsinn, nach dem hier ein Liebeslied vorliegt, für die Heilige Schrift nicht ausreichen durfte. Als Theodor von Mopsuestia (350–428) dagegen wieder zum Wortsinn zurück wollte und erklärte, im Hohenlied gehe es doch nur um die Beziehung zwischen Salomo und seiner ägyptischen Braut, wurde seine Deutung posthum auf dem Fünften Konzil von Konstantinopel 553 verworfen. Nur der geistig-übertragene Sinn, der ‹sensus spiritualis› aus der Sicht des Neuen Testaments, dürfe auf das Hohelied angewandt werden. So wurde (nicht nur deswegen) Theodor als Häretiker verurteilt.[115] Mit dieser Entscheidung

[115] Die syrische Kirche ehrte ihn dagegen als Kirchenlehrer.

war der Weg endgültig frei für die allegorische Interpretation nach dem Maßstab des Origenes.[116] Dieser hatte immerhin noch eine dritte Deutungs-Stufe auf dem Weg ins Paradies des wahren Schriftverständnisses hinzugefügt: den geistlichen oder ‹pneumatischen› Sinn. Damit war ein geschlossenes dreiteiliges System geschaffen, das wiederum nicht ganz ohne die philosophische Vorbildung des Origenes zustande gekommen war, denn bei dieser Dreiteilung stand die von Platon hergeleitete ‹Trichotomie› Pate, nach der beispielsweise der Mensch in Leib, Seele und Geist einzuteilen ist.

Jeder Bibeltext konnte nunmehr auf der ersten Ebene nach dem wörtlichen, sprachlich-historischen oder ‹fleischlichen› Sinn befragt werden. Mit ihm gab sich Origenes ungern ab, denn seinen Nutzen sah er nur in der Belehrung und Erbauung der Einfältigen. Dann kam der seelische, moralische oder psychische Sinn, die Allegorie auf ihrer ersten Stufe. Und schließlich, Ziel jedes vollkommenen Deuters und Lesers, der geistliche, mystische oder pneumatische Sinn.[117] Der Glaube an die Verbalinspiration der Heiligen Schrift, den Origenes leidenschaftlich vertrat, hatte für ihn letztlich eine weitgehende Ablehnung des wörtlich-‹fleischlichen› Sinns zur Folge. Denn was ihm selbst am Text der Bibel, vor allem in vielen alttestamentlichen Geschehnissen, widergöttlich und anstößig vorkam, das mußte nun zwangsläufig anders gedeutet werden. Ein allegorischer Sinn wurde ihm unausweichlich. Letzte Konsequenz war die Auffassung, daß in der Bibel zwar nicht alles einen historischen, ‹fleischlichen› Sinn habe, alles jedoch einen geistigen. Daß mit dieser Verengung dem Mißbrauch Tür und Tor geöffnet wurde, liegt auf der Hand. Wenn Origenes gleich-

---

[116] Wie ein Martin Luther damit umging, zeigt eine Marginale zum Hohelied 8,6 in seiner Bibelübersetzung, Ausgabe letzter Hand von 1545: «Hie sihet man wol das Salomo in diesem Liede von geistlicher Liebe singet / die Gott gibt / vnd vns auch erzeigt in alle seine wolthaten.»

[117] Origenes, ‹De principiis› (‹Perì archóhn›), IV, 2, 4–5.

sam sagt, die Bibel *ist* Allegorie, dann sind wir nicht weit entfernt von Eliahu Rips und Michael Drosnin, die erklären, die Bibel könne erst heute dank ihres Codes richtig verstanden werden, denn die Bibel und schließlich «der Bibelcode *ist* ein Computerprogramm».[118] Die beiden Sicherungen, die Origenes in sein System einbaute – die Tradition (bei ihm die Tradition der Kirche und ihrer Lehrer, so wie auch in der jüdischen Auslegung die Tradition der Lehrer mitentscheidende Funktion hatte) und das Wirken des Heiligen Geistes im durch die Taufe zum Kirchenglied gewordenen Interpreten – brannten nicht nur bei ihm allzu oft durch.[119]

In der Spätantike kam es dann noch zu einer weiteren Vervollständigung der methodischen Schritte, von der auch die moderne Schriftauslegung in allen ihren konfessionellen und überkonfessionellen Varianten bis heute zehrt. Sie geht auf Cassian (Johannes Cassianus) zurück, der um 360 im Gebiet des heutigen Rumänien geboren wurde, lange in Bethlehem und Nordägypten lebte und sich schließlich um 415 in Südfrankreich niederließ, wo er neben seiner Tätigkeit als Priester und Theologe in der Nähe von Arles ein Männer- und ein Frauenkloster gründete. Cassian entwickelte den dreifachen Schriftsinn zu einem vierfachen weiter. Über Augustins zwischen 396 und 426 entstandene, folgenreiche Anleitung zum Bibelstudium (‹De doctrina christiana›) gelangte diese Vierfachmethodik zu Augustin von Dacien (Dänemark), der um die Mitte des 13. Jahrhunderts daraus einen in den nachfolgenden sieben Jahrhunderten bis heute viel zitierten lateinischen Merkvers machte:

---

[118] Drosnin, 25, 18.

[119] Die heutige römisch-katholische Kirche hat das Grundmodell von seinen offensichtlichen Schwächen gereinigt und mit dem Zweiten Vatikanischen Konzil für verbindlich erklärt: «Da die Heilige Schrift in dem Geist gelesen und ausgelegt werden muß, in dem sie geschrieben wurde, erfordert die rechte Ermittlung des Sinnes der heiligen Texte, daß man mit nicht geringerer Sorgfalt auf den Inhalt und die Einheit der ganzen Schrift achtet, unter Berücksichtigung der lebendigen Überlieferung der Gesamtkirche und der Analogie des Glaubens» (‹Dei Verbum› Nr. 12).

Littera gesta docet, quid credas allegoria,
Moralis quid agas, quo tendas anagogia.

Oder auf deutsch: ‹Der Buchstabe lehrt die Fakten, / die Allegorie, was du glauben sollst; // der moralische (Schriftsinn), was du tun sollst, / die Anagogie (Erhebung), wohin du streben sollst.› Man sieht, daß zwar eine Abfolge vorgegeben scheint, die auch als Steigerung verstanden werden kann, aber keineswegs als Abwertung der jeweils vorausgehenden Schritte verstanden werden muß. Der erste Sinn, der unmittelbar wörtliche ‹sensus litteralis›, bleibt bestehen, auch wenn der Interpret fortschreitet zur zweiten Stufe, dem allegorischen ‹sensus spiritualis›; diese beide gelten weiterhin beim Erreichen der dritten Phase, des moralischen ‹sensus moralis›, und deren Dreiheit ist nicht relativiert beim Erklimmen der letzten Stufe, des erhebenden, im Blick auf die Endzeit vollendenden ‹sensus anagogicus›. Die Vollständigkeit des Verständnisses eines Bibeltextes ist allerdings nach dieser Methodenlehre erst gegeben, wenn die vierte Stufe auch wirklich erreicht und verstanden wurde.[120] Wie das nun funktioniert, läßt sich an einem einfachen Begriffsbeispiel zeigen, an ‹Jerusalem›: Auf der ersten, der wörtlichen Ebene, steht es für den tatsächlichen, historischen Ort. Auf der zweiten, der geistig-allegorischen Ebene, steht es für die Kirche. Auf der dritten, der moralischen Ebene, bedeutet es die Seele der Christen. Und im anagogischen endzeitlichen Heilssinn meint es viertens die verheißene Stadt Gottes, von der die Offenbarung spricht, das ‹Neue Jerusalem›.

Es läßt sich leicht verstehen, daß eine Interpretation, die nur den vierten Sinn gelten läßt, nur den zweiten oder dritten, den Text verfälscht. Ein ‹Bibelcode›, wie ihn Michael Drosnin ent-

---

[120] Die noch immer hilfreichste Einführung in den vierfachen Schriftsinn und seine Folgen für die Auslegung bietet Peter Stuhlmacher, Vom Verstehen des Neuen Testaments. Eine Hermeneutik, Göttingen: Vandenhoeck & Ruprecht ^{2}1986.

warf, entspricht demnach einer gegen die Bibel selbst gerichteten Minimalisierung, die nur noch einen anagogischen Sinn gelten ließe – die ausschließliche Suche nach prophetisch-endzeitlichen Informationen, bei der alles andere unter den Tisch fällt oder im Zweifelsfall weniger ‹wahr› ist. Die Schritte zwei bis vier sind überhaupt nur legitim, wenn sie in ständiger Blickweite der ersten Bedeutungsebene benutzt werden, um damals wie heute Glauben, Leben und Hoffnung der christlichen Bibelleser mit den Aussagen der Bibel in Verbindung zu bringen. Und das setzt die Einsicht in den zeitlosen Offenbarungsgehalt der Heiligen Schrift voraus.

Die Auslegungslehren, auch Hermeneutik genannt (nach dem griechischen Wort ‹*hermäneúoh*›, auslegen, denken), haben sich auch seit dem Mittelalter weiterverzweigt. Lehrbücher gibt es in reicher Auswahl, wir brauchen dem hier nicht nachzugehen, da mit dem Vierfachen Schriftsinn noch in der Spätantike ein Punkt erreicht war, zu dem alles Spätere variierende Fortführungen sind.[121] Wer nach verschlüsselten Botschaften in der Bibel sucht oder nach geheimen Sinnebenen, die sich nur mit besonderen, einweihungsbedürftigen Codes oder mystischen Zugängen gegen den Wortsinn erschließen lassen, der muß jedenfalls zur Kenntnis nehmen, daß dies weder mit dem Bibeltext selbst noch mit den Regeln der älte-

---

[121] So wie über die Philosophie zugespitzt gesagt werden konnte, ihre Geschichte sei nichts als Fußnoten zu Platon. (A.N. Whitehead, Prozeß und Realität. Entwurf einer Kosmologie, Frankfurt: Suhrkamp 1979, 91: «Die sicherste allgemeine Charakterisierung der philosophischen Tradition Europas lautet, daß sie aus einer Reihe von Fußnoten zu Platon besteht.»)
Eine mit zahlreichen Originalzitaten belegte Entwicklungsgeschichte von Luther bis in die Gegenwart: J. Cochlovius/ P. Zimmerling (Hrsg.), Evangelische Schriftauslegung, Wuppertal: R. Brockhaus 1987. Ein Beispiel für eine Einführung in die katholisch geprägte Hermeneutik: W. Egger, Methodenlehre zum Neuen Testament, Freiburg/Basel/Wien: Herder [4]1996, vor allem der 6. Teil, ‹Lektüre unter hermeneutischem Aspekt›. Vgl. auch F. Mußner, Geschichte der Hermeneutik. Von Schleiermacher bis zur Gegenwart. Freiburg/Basel/Wien: Herder [2]1976. Aus evangelischer Perspektive, aber ökumenisch ausgeführt, P. Stuhlmacher, wie in Anm. 120.

sten jüdischen und christlichen Ausleger zu machen ist. Noch in späteren Jahrhunderten haben die anerkannten Hauptvertreter der Mystik nicht behauptet, daß ihre Erkenntniswege den Text der Schrift und dessen Geschichte ersetzen können, wie das allem Anschein nach Eliahu Rips annimmt. (So jedenfalls berichtet es, in entlarvender Offenheit, Michael Drosnin: «Ich griff nach der Bibel, die auf dem Schreibtisch lag, und bat Rips, mir die Passage zum Golfkrieg zu zeigen. Doch statt das Buch aufzuschlagen, ging er zu seinem Computer. ‹Der Bibelcode ist ein Computerprogramm›, erklärte er.»[122]) Aber auch christliche Mystik in Vergangenheit und Gegenwart muß sich an ihrem Verhältnis zum ‹sensus litteralis› ebenso messen lassen wie jüdische Kabbala, ihre christlichen Ableger[123] und andere über dem Text angesiedelte Verständniswege.

---

122 Drosnin, 18.

123 Vgl. die knappe, einfühlsame Einführung bei Otto Betz, Licht von unerschaffnem Lichte. Die kabbalistische Lehrtafel der Prinzessin Antonia in Bad Teinach, Metzingen: Steinbach 1996, 16–26.

Nachwort

In diesem Buch ist ein Weg verfolgt worden, der vom konkreten Anlaß – dem ‹Bibelcode› – über stellvertretende Fallstudien zum Allgemeinen führte, den Regelwerken der Auslegungsschritte in Antike und Spätantike. Das konnte und sollte nicht vollständig sein. Viel wäre erreicht, wenn es als Anregung zum aufgeschlossenen, neugierigen Umgang mit dem tatsächlichen Gehalt der Heiligen Schrift beitragen würde. Die Erfahrungen, die jeder Leser dabei sammeln kann, lassen sich auch auf den Umgang mit alter und neuer Literatur anwenden: Die Bibel ist für alle Gläubigen zuerst Gottes Wort, aber sie enthält auch Menschenwort als antike Geschichtsschreibung, Dichtung, Dramatik, Epik, Briefliteratur; der Umgang mit ihr ist daher auch Vorbereitung auf den Umgang mit anderen Texten ihrer Zeit und aller nachfolgenden Epochen. Eine umfassende, informierte Sicht hat nicht zuletzt praktischen Nutzen – sie bewahrt vor der Versuchung, Modeerscheinungen und Zeitströmungen allzu ernst zu nehmen.

So darf man es dann, bei allem Ernst, immer wieder einmal mit Horaz halten, der zu Beginn seines Buchs über die Dichtkunst fragte: «Könntet ihr euch da des Lachens enthalten, Freunde?»[124] Wie anders wäre beispielsweise zu reagieren angesichts der Nachricht, daß neuerdings in Los Angeles die jüdische Kabbala zum Gesellschaftsspiel geworden ist? Das Magazin der britischen Zeitung ‹The Daily Telegraph› berichtete am 16. Mai 1998, daß der jahrzehntelange Lernweg, der einst zum Verständnis dieser mystischen Tradition der Bibel-, Gottes- und Schöpfungsdeutung führte, nunmehr für

---

[124] ‹Spectatum admissi, risum teneatis, amici?› Horaz, ‹De arte poetica› 5.

rund 185 Dollar in einem Zwölfwochen-Kursus angeboten wird.[125] Die weltweit ebenso bekannte wie berüchtigte Sängerin Madonna veranstaltet ‹Kabbalah-Partys›. Im ‹Los Angeles Kabbalah Centre› geben sich laut ‹Telegraph Magazine› die Berühmtheiten die Türklinke in die Hand; Laura Dern und Dolly Parton wurden dabei beobachtet, wie sie darin unterwiesen wurden, ein Hähnchen über ihren Kopf zu werfen, um negative Energien zu absorbieren. Nachmanides (1194–1270), der große spanische Gelehrte, dessen in Palästina verfaßter Tora-Kommentar der authentischen Kabbala in Europa zum Durchbruch verhalf, würde sich im Grabe umdrehen – oder es vielleicht doch besser gleich mit Horaz halten. Am 8. Juni 1998 berichtete der Israel-Korrespondent der ‹Frankfurter Allgemeinen Zeitung›, Jörg Bremer, von Endzeit-Propheten in Israel.[126] Was er beobachtete, läßt selbst die Untergangs-Decodierungen eines Michael Drosnin harmlos erscheinen:

Ein gewisser David McPhail, der in Israel weithin bekannt ist und auch von den Medien zur Kenntnis genommen wird, seit er – angeblich – erst die Intifada und dann die Ermordung Rabins vorhersagte (Drosnin läßt grüßen), sorgt für Unruhe mit seiner Ankündigung, daß man sich den August 1999 und den März 2000 vormerken solle. Die Daten der Prophetenbücher und die Sternzeichen hätten ihm verraten, daß zum ersten Termin sich die Sterne am Himmel zu einem Kreuz zusammenfinden würden. Der Islamismus werde Jerusalem an den Abgrund bringen. Beim zweiten Datum werde dann der große Krieg beginnen, in dessen Folge Amerika weitgehend überschwemmt, Europa in weiten Teilen untergehen und Israel auf die Angriffe mit Atombomben reagieren werde. Es sei denn, die Politik werde endlich weise und lerne, «die Zeichen an der Wand des Himmels» zu erkennen.

Wenn das so ist, dann wird sich McPhail nach dem März 2000

---

125 ‹Telegraph Magazine›, 16.5.1998, 9.

126 ‹Elia lebt längst unter uns›, FAZ, 8. Juni 1998, 13.

beruhigt zurücklehnen können, denn irgendwie wird sich ‹die Politik› bis dahin dann doch noch gerade so als lernfähig erwiesen haben. Auch Michael Drosnin blieb keine andere Deutung übrig, als sein für 1996 aus dem ‹Bibelcode› vorhergesagtes Untergangs-Szenarium nicht eintraf. Allerdings wird David McPhail irgendwann ungeduldig werden, denn er sieht sich als Helfer des kommenden Messias, der nach der Katastrophe mit ihm an seiner Seite die Macht übernehmen wird.

Daß Gott sich so nicht berechnen und manipulieren läßt, hat sich offenbar zu ihm ebensowenig herumgesprochen wie zu Michael Drosnin. Doch daß McPhail so auftreten kann und daß ihm auch und gerade in Israel so viel Aufmerksamkeit zuteil wird, kann nicht nur mit dem ‹Jerusalem-Syndrom› und dessen immer wieder einmal von den Medien amüsiert kolportierten Auswirkungen erklärt werden. Juden haben ihren eigenen Kalender, nach dem mit dem Jahreswechsel von 2000 zu 2001 kein neues Millennium beginnt, mit allen Hoffnungen, Ängsten und apokalyptischen Horrorgemälden, die Jahrtausend- und Jahrhundertwenden so mit sich zu bringen pflegen; denn im jüdischen Jahr 5761 wird es natürlich keine Millenniumswechselstimmungen geben können.

Messianische Erwartungen gab es in Israel allerdings immer, mal drängender, mal weniger drängend, auch ohne Sterndeutung, Kalenderblätter und Computerprogramme. Und es gab sie, wie wir wissen, nicht nur dort. In den nächsten zwei, drei Jahren wird weltweit die Panikproduktion der Endzeit-Apokalyptiker zunehmen. Drosnin und McPhail sind nur frühe Symptome. Da kann es nichts schaden, gerüstet zu sein und nicht nur mit Horaz zu lachen, sondern auch den Wortsinn der Heiligen Schrift dagegenzuhalten: ‹*ad fontes*›, zurück zu den Quellen.

Direkt bei diesen Quellen zu beginnen, ist jedem Leser der Bibel möglich. Von höherliegenden Interpretationsebenen ist nicht die Rede, wenn es beim Propheten Jesaja heißt: «Forscht im Buch des Herrn nach und lest» (Jesaja 34,16) und wenn die jüdischen Hörer des Paulus in Beröa «täglich in den Schriften forschten, ob es sich so verhielte», wie der Apostel es erläutert hatte (Apostelgeschichte 17,11). Die Notwendigkeit der Interpretation ist eine Folge dieses ersten Schritts, keine Voraussetzung, und diese Notwendigkeit kann nicht pauschal gegeben sein – sie muß sich aus den Erfordernissen des Zusammenhangs ergeben. «Die Leviten lasen aus dem Buch, aus dem Gesetz Gottes, abschnittsweise vor, und gaben den Sinn an und machten so das Vorgelesene verständlich» (Nehemia 8,8). «Und von Mose und von allen Propheten anfangend, erklärte er [Jesus] ihnen in allen Schriften das, was ihn betraf» (Lukas 24,27). «Dann öffnete er [Jesus] ihnen das Verständnis, damit sie die Schriften verständen» (Lukas 24,45).

Nicht alles in der Bibel, aber manches ist ohne verständnisschaffende ‹Entschlüsselung› schwer zugänglich: «Philippus aber lief hinzu und hörte ihn [den äthiopischen Finanzminister] den Propheten Jesaja lesen und sprach: ‹Verstehst du auch, was du liest?› Er aber sprach: ‹Wie könnte ich denn, wenn nicht jemand mich anleitet?›» (Apostelgeschichte 8,30–31). «In diesen Briefen [des Paulus] ist einiges schwer zu verstehen, was die Unwissenden und Unbefestigten verdrehen wie auch die übrigen Schriften zu ihrem eigenen Verderben» (2. Petrus 3,16). Mit anderen Worten: Die Bemühungen um das angemessene Verstehen der Texte sind keine Errungenschaft der Gegenwart; sie werden uns, von Situation zu Situation, bereits in den Schriften selbst bezeugt. Daß dies keine leichte Aufgabe ist, belegen die Meinungsunterschiede von den Anfängen bis heute. Schon in der jüdischen Tradition ist daher das tägliche Lesen in der Bibel eine Lebensaufgabe aller Gläubigen, nicht nur der wenigen Priester und Gelehrten. Auch Lesen und Verstehen will erfahren, erlebt und durch die unaufhörliche Praxis erlernt sein. Dabei stellte sich seit jeher der Text nicht als statische Größe, sondern als eine lebendige Herausforderung an seine Leser heraus. Um es mit Luther zu sagen: Die Bibel enthält «Lebeworte», «die nicht zum Spekulieren und Hochdichten, sondern zum Leben und Tun dargesetzt sind».[127]

Was Luther sagt, lehrt auch der Talmud, der die Zeitlosigkeit der Schrift in ihrer Bedeutung für das Leben der Menschen und damit die Notwendigkeit ihrer stets neuen Auslegung betont: «In der Tora gibt es kein Früher oder Später» (Pesachim 6). Damit ist zugleich an die Gemeinschaft der Lesenden appelliert: Lesen und Auslegen der Heiligen Schrift gehört in das Zentrum der Gemeinschaft, für das sie geschrieben ist.[128] Sich darauf einzulassen, ist in der Tat ein Lernprozeß, in dem Meinungsunterschiede und Sonderwege nie ausgeblieben sind. In diesem Buch haben wir Beispiele dafür gesehen, auch dafür, wie die Ermittlung eines mehrfachen Schriftsinns zu einem volleren Verständnis (dem sogenannten ‹sensus plenior›) führen kann und wo die Grenzen liegen. Nehmen wir abschließend noch einmal ein Beispiel aus der jüdischen Auslegungsgeschichte: Der Staatsmann, Theologe und Philosoph Isaak Abravanel (1437–1508), dessen Bibelkommentare Klassiker der jüdischen Exegese sind und auch von Christen noch bis ins 18. Jahrhundert viel gelesen wurden, unterschied in einem ersten Durchgang, welche Texte grundsätzlich und ausschließlich im Wortsinn zu verstehen sind (z.B. die Geschichte der Sintflut, Genesis/1. Mose 7,10–14, und die Zerstörung von Sodom und Gomorra, Genesis/1. Mose 19,23–26), welche Texte tatsächliche Ereignisse beschreiben, aber auch eine typologische Interpretation zulassen (z.B. die Geschichte von den drei Brunnen in Genesis/1. Mose 26,15–25), und welche schließlich allegorisch gemeint sind (z.B. der Traum Jakobs von der Himmelsleiter, auf dem Weg von Beer-Sheva nach Haran (Genesis/1. Mose 28,10–16).

---

[127] Weimarer Ausgabe 31,1. 67,24–27.

[128] Vgl. P. Müller, ‹Verstehst du auch, was du liest?› Lesen und Verstehen im Neuen Testament, Darmstadt: Wissenschaftliche Buchgesellschaft 1994, hier v.a. der Abschnitt zum Lesen in griechisch-römischer Antike und Judentum, zusammengefaßt 52–54.

Doch auch die allegorisch zu verstehende Traumstelle wird von Abravanel fest im historischen Rahmen der Person Jakobs verortet: Um den Traum zu interpretieren, reicht es nicht, wie Raschi die Himmelsleiter als Symbol für den Wert des Landes Israel gegenüber anderen Ländern zu deuten, oder wie Maimonides kosmologisch und philosophisch – Abravanel lehnt gerade die letztgenannten beiden Verständniswege des Maimonides ab, da das die griechischen Philosophen auch schon gekonnt hätten, ohne das hier Entscheidende: den von Gott kommenden prophetischen Traum. Also beginnt er bei der Person Jakobs, analysiert den Ort, an dem er schläft, den Zustand, in dem er sich im Augenblick des Traumes nach der Flucht vor Esau befindet, die Zweifel und Unsicherheiten, die ihn aufgrund der vergangenen Vorkommnisse quälen. Erst hier setzt die allegorische Interpretation ein und erläutert den Traum als Bestätigung, daß ihm, Jakob, der Segen Isaaks tatsächlich zukommt. Die Engel, die auf der Himmelsleiter herab- und hinaufsteigen, sind Boten, die mit den Gebeten gehen und mit den Heilszusagen des himmlischen Herrschers kommen.[129] Und so geht er alle Verse einzeln durch, stets darauf bedacht, den Zusammenhang mit Jakob und seinem Geschlecht nie aus den Augen zu verlieren. Der Wortsinn bleibt der Ausgangspunkt, er wird im unmittelbaren Zusammenhang und im Kontext der Patriarchengeschichte verstanden. Erst so wird dann auch das allegorische Deuten legitimisiert.[130]

Wir haben gesehen, daß auch Mystik, Kabbala (jüdische ebenso wie christliche) und andere Erfahrungswege ihren Platz im Leben der Gläubigen haben können, und daß sie zugleich Gefährdungen beinhalten, die durch einen festen Halt verhindert werden müssen. Ein Maßstab aber, der für christ-

---

[129] Vgl. Johannes 1,51, wo Jesus sich im Gespräch mit Nathanael selbst als Ziel der Engel bezeichnet, die vom Himmel auf- und niedersteigen.

[130] Isaak Abravanel, Kommentar zu Genesis 28,12–15; vgl. R. Goetschel, Isaac Abravanel. Conseiller des princes et philosophe, Paris: Albin Michel 1996, 74–77.

liche ebenso wie jüdische Leser solchen Halt und zugleich die Freiheit der persönlichen Erfahrung im Umgang mit der Bibel bietet, bleibt der Wortsinn der Texte. Jede Auslegungstechnik, jede Erkenntnisebene ist ihm untergeordnet. Nicht die Methoden bestimmen den Text, der Text bestimmt die Methoden.

Ein weiterer Titel in der Reihe «Brunnen fokus»:

Stephan Holthaus

Trends 2000

Der Zeitgeist und die Christen

265 Seiten, ABCteam-Paperback Nr. 1141

Immer schneller wechseln sich neuen Moden, Wellen und Trends ab. Pluralismus, Individualismus und Materialismus bestimmen uns. Technik und Medien haben uns im Griff. Die neue Softwelle und die postmoderne Erlebnisfixiertheit faszinieren besonders Junge. Allgemeinverbindliche ethische Werte haben sich verflüchtigt. Und doch empfindet der moderne Mensch Orientierungslosigkeit. Neue religiöse Formen außerhalb der Kirche boomen. Sehnsüchte nach Sinn brechen plötzlich auf.

Holthaus' Buch analysiert die Fundamente der modernen Kultur und macht ihren Einfluß auf christliche Gemeinden offenbar. Es zeigt die Gefahren einer Kultur, die ihre christlichen Wurzeln hinter sich läßt und Menschen an die Stelle Gottes setzt. Es deckt die schleichende Anpassung der Christen an den Zeitgeist auf, zeigt aber auch Chancen, einer nach Sinn suchenden Gesellschaft das Evangelium nahezubringen.

Am Ende steht der Aufruf zur Gegenkultur der Christen, um der Anpassung zu widerstehen und eine bibelorientierte Alternativgesellschaft aufzubauen, in der die missionarische Existenz offensiv gelebt wird. Holthaus zieht dabei neueste Untersuchungen von Soziologie und Trendforschung zu Rate.

Brunnen Verlag · Basel und Gießen

Ein weiterer Titel in der Reihe «Brunnen fokus»:

Hans-Martin Friedrich

Die gefälschte Offenbarung

Anspruch und Wirklichkeit mormonischer Glaubenslehren (mit vielen Selbstzeugnissen ehemaliger Mormoninnen und Mormonen)

268 Seiten, ABCteam-Paperback Nr. 1130

Diese kritische Untersuchung führt ein in das weltanschauliche System der «Kirche Jesu Christi der Heiligen der Letzten Tage», der Mormonen. Hans-Martin Friedrich bemüht sich dabei um eine (auf literaturwissenschaftlicher Basis erarbeitete) nüchterne und sachliche Darstellung, bewertet jedoch die literarischen und inhaltlichen Kritikpunkte am Mormonentum so stark und unmißverständlich, daß der suchende und fragende Leser genügend Orientierungshilfen findet.

Friedrichs reichhaltige Beweisführung – Resultat von acht Jahren Recherchen! – stellt für jeden Leser das richtige Werkzeug dar, um in der Auseinandersetzung mit Mormonen zu bestehen und Argumente zu haben. Ein ausführliches Quellenverzeichnis, vielseitige Erläuterungen sowie diverse authentische Selbstdarstellungen von «Aussteigern» (also Ex-Mormoninnen und Ex-Mormonen) runden das Buch ab. Es bietet die Grundlagen, um der starken mormonischen Missionsarbeit fundiert zu begegnen.

Brunnen Verlag · Basel und Gießen